though
よくわかる
労災補償と裁判

～ 安全配慮義務 と 安全衛生管理 ～

弁護士 **外井浩志** [著]
Hiroshi Toi

中央労働災害防止協会

はじめに

　本書は健康・安全衛生・補償・賠償という労働災害にまつわる全場面に対応して解説した基本書です。安全衛生というと、最近は従業員の健康問題が中心的な活動・課題となっていますが、労災事故や職業病も依然として、発生しています。

　労働者の健康問題は、政府もワークライフバランス、介護離職ゼロ、治療と職業の両立支援、過重労働の規制などを重要な政策として位置づけており、労働者の健康や安全衛生の確保に強い意欲を持っているようです。

　平成27年には、労災事故の死亡者の数がついに1,000名を切り、これまでの労働災害防止活動の成果が上がったとも言えますが、他面において、既に発生してしまった労働災害につき、アスベスト災害をはじめ数多くの法的な紛争が生じており、被災者やその遺族への迅速かつ適切な対応が安全衛生スタッフ等の担当者にとって大切であると痛感させられます。

　さて本書は、通読すれば、万が一労働災害が発生しても安全衛生スタッフが慌てずに対応できるだけの内容になっています。すなわち、労災補償や損害賠償はかなり技術的な部分があり法的な知識も必要であるため、第1章「労災補償、損害賠償の基礎知識」ではその基礎を学び、第2章「労災・職業病事件の裁判事例」では実際の多くの労災裁判の事例を見て、具体的にどのような紛争が起こっているのかを知っていただけるよう記述しました。また、第3章「安全衛生スタッフが関わる賠償の実務」では、安全衛生スタッフが、被害者や遺族への対応のみならず、行政官や弁護士、裁判官といった専門家への対応を含めて、どのように行動すべきかのノウハウを

学べるようにしました。さらに、第4章「刑事訴訟手続きへの対応」では、労働災害でも刑事責任があり得るということを知り、その責任への対応をするための知識を学ぶという内容になっています。

　安全衛生スタッフの方々は、日頃の安全衛生管理の実務において、工学技術的な知識や労働安全衛生法、労働安全衛生規則などを学びながら、折々において補償・賠償の法的な知識を勉強して頂きたいと切望します。その契機として本書を活用頂ければと思っております。

　最後に、本書を執筆するに当たって、中央労働災害防止協会出版事業部　結城ゆり氏には大変お世話になりました。この場をもって御礼申し上げます。

平成28年7月

弁護士　外井浩志

目次

● 第1章　労災補償、損害賠償の基礎知識 ……… 7

● 第1節　労災補償の仕組み ……… 8
1. 労災補償とは ……… 8
2. 社会復帰促進等事業としての労災特別支給金等 ……… 16

● 第2節　労災保険の請求と損害賠償 ……… 20
1. 労災保険が支給されれば損害賠償はしなくてもよいか ……… 20
2. 無過失責任と過失責任 ……… 22
3. 労災保険の申請から支給決定 ……… 24
4. 相続について ……… 27
5. 労基署と裁判所の判断が異なる場合 ……… 28
6. 労働者側の過失がある場合 ……… 30
7. 労災保険からの補償費用の求償 ……… 32

● 第3節　使用者の安全配慮義務（責任論） ……… 34
1. 安全配慮義務とは ……… 34
2. 安衛法と安全配慮義務の関係 ……… 40
3. 安全対策の費用が高額になる場合の対応 ……… 43
4. 安全衛生教育の重要性 ……… 44
5. どこまでやれば義務を尽くしたことになるのか ……… 46

● 第4節　損害賠償の法的な根拠 ……… 48
1. 債務不履行責任と不法行為責任 ……… 48
2. 不法行為責任の種類 ……… 49
3. 会社代表者の責任 ……… 52
4. 代表者ではない経営者、管理監督者の責任 ……… 53

● 第5節　高額賠償事例 ……… 54

● 第2章　労災・職業病事件の裁判事例（責任の範囲と所在）……… 59

● 第1節　労災事故 ……… 60
1. 労災死亡事故の状況 ……… 60
2. 事例の紹介 ……… 61

● 第2節　職業病 ……… 64
1. 業務上の疾病の特定とその状況 ……… 64
2. 法的な紛争となった職業病－事例の紹介 ……… 66
   - （1）職業性難聴 ……… 66
   - （2）振動障害 ……… 68
   - （3）頸肩腕症候群 ……… 70
   - （4）職業性腰痛 ……… 72
   - （5）じん肺症 ……… 74
   - （6）アスベスト ……… 77

　　　　　　（7）過労死問題 ………………………………………… 80
　　　　　　（8）うつ等による過労自殺・精神疾患 ……………… 85
　　　　　　（9）化学物質にかかる健康障害 ……………………… 88
　　　3　その他の損害賠償請求訴訟の事例 ……………………… 92
　　　　　　（1）受動喫煙 …………………………………………… 92
　　　　　　（2）健康管理と健康診断 ……………………………… 96
　　　　　　（3）セクシュアル・ハラスメント …………………… 104
　　　　　　（4）パワーハラスメント ……………………………… 107
　　コラム　新しい裁判例に注目する ………………………………… 113

第3章　安全衛生スタッフが関わる賠償の実務 …… 115

●第1節　和解 …………………………………………………… 116
　　　1　裁判前の和解（示談）について ………………………… 116
　　　2　裁判上の和解について …………………………………… 124
●第2節　民事訴訟 ……………………………………………… 140
　　　1　民事訴訟の流れ …………………………………………… 140
　　　2　安全衛生関係の資料（証拠）確保の重要性 …………… 143
　　　3　示談と賠償額計算の諸問題 ……………………………… 144

第4章　刑事訴訟手続きへの対応 …………………… 163

●第1節　刑事訴訟の手続き …………………………………… 164
　　　1　はじめに …………………………………………………… 164
　　　2　安衛法違反と刑法犯 ……………………………………… 165
　　　3　誰が刑罰を受けるのか …………………………………… 167
　　　4　捜査の手続きと刑罰の確定 ……………………………… 167
　　　5　安衛法違反の場合には労働災害の発生は要件か ……… 169
　　　6　故意犯と過失犯 …………………………………………… 169
●第2節　刑事訴訟手続きに企業がとるべき対応 …………… 171
　　　1　事前の対応 ………………………………………………… 171
　　　2　事後の対応 ………………………………………………… 172

　　本書で使用する法令等の略語は次のとおりです。

- 労働基準法 ………………………… 労基法
- 労働基準法施行規則 ……………… 労基則
- 労働者災害補償保険法 …………… 労災保険法
- 労働者災害補償保険法施行規則 … 労災保険則
- 労働安全衛生法 …………………… 安衛法
- 労働安全衛生法施行令 …………… 安衛令
- 労働安全衛生規則 ………………… 安衛則
- 自動車損害賠償保障法 …………………………… 自賠法
- 雇用の分野における男女の均等な機会及び待遇の確保等に関する法律 …… 均等法
- 民事調停法 ………………………………………… 民調法
- 自動車の運転により人を死傷させる行為等の処罰に関する法律 …… 自動車運転処罰法

第 1 章

労災補償、損害賠償の基礎知識

　労働災害が起き、被災者が死亡したり傷害を負ったり、疾病に罹患したりした場合には、まず、労災保険からの補償という問題が出てきます。その後、被災者側からの損害賠償請求の問題となり、労災補償との関係、安全配慮義務違反の有無、損害賠償請求訴訟へと展開していくことが推定されます。
　まず、労働災害が生じた場合の被災者の補償にあたっての、必要となる基本的な知識について、本章で解説していきます。

第1節 労災補償の仕組み

> 労働者が、仕事の過程で事故にあって死亡したり、けがをしたり、後遺症が残った場合や、仕事が原因で病気になり、死亡したり、療養したり、後遺症が残った場合には、労災保険法に基づく労災補償給付が支給されることになります。
> ここでは、労災保険で支払われる補償の種類とその内容についてみていきます。

1 労災補償とは

　労働者の労災事故、職業病が業務上のものである場合には、使用者は労基法第8章の定めにより災害補償義務を負いますが、実際には、その補償は労災保険からその被災労働者またはその遺族に対して労災保険金が支給されることで、なされることになっています。もともとは労基法で使用者の災害補償義務が定められていましたが、それを確実に行うため労災保険制度ができました。

　実際の補償給付について、労災保険法に規定があります。労災保険からの支給がなされると、労基法の災害補償義務に相当するものがあれば、使用者は、その補償義務を免除されます(労基法第84条第1項)。その労災補償の内容について紹介します(図表1-1)。

なお、ここでは通勤途上災害については触れないことにします。

労災保険制度

労働者が確実に補償を受けられるため、また事業主の補償負担の軽減のために設けられた制度です。労働者を一人でも使用すれば強制的に適用事業となり、事業主が保険料全額を負担し、納めなければなりません。正社員だけでなくパート、アルバイト等、使用されて賃金を支給される全ての労働者が対象となります。

図表1－1　労災補償の種類

(1) 療養補償

療養補償とは、労働者が業務上負傷し、または疾病にかかった場合に、使用者は必要な療養を行い、または、必要な療養の費用を負担しなければならない（労基法第75条第1項）と定められているもので、労災保険法第13条も同趣旨を定めています。

その療養の範囲は、労基則第36条で、①診察、②薬剤または治療材料の支給、③処置・施術その他の治療、④居宅における療養上の管理およびその療養に伴う世話その他の看護、⑤病院または診療所への入院およびその療養に伴う世話その他の看護、⑥移送とされ、療養上相当と認められるものとされています。

(2) 休業補償

労働者が業務上負傷し、または疾病にかかった場合に、その療養のため労働することができず賃金の支払いを受けられない場合、平均賃金の60％を補償しなければなりません（労基法第76条第１項）。労災保険法にも、同趣旨の規定があり給付基礎日額の60％が補償され、休業開始の４日目から支給されることになっています（労災保険法第14条）。労基法の平均賃金と、労災保険法の給付基礎日額は同じです。月額給与を基準として算定され、ボーナス等は含まれません。休業補償にはスライド制があり（労基法第76条第２項、労災保険法第８条の２第２項）、被災後の賃金水準の上昇・下落に対応しています。

労災保険の給付基礎日額には最低保障額があり、現在3,910円です。それを下回る給付基礎日額は、3,910円とされるので、１日当たりの休業補償給付の最低額はその60％であり、2,346円になります。

療養開始後１年６か月を経過した者に対する休業補償給付は、年齢階層別最低・最高限度額が導入されています（**図表１－２**）。この場合の年齢は、休業補償給付を受けるべき労働者の支給事由が生じた日の属する四半期の初日における年齢とされます。

休業補償を受けるべき労働者が、刑事施設、労役場その他に準じる施設に拘禁されている場合、少年院その他これに準じる施設に収容されている場合には休業補償は行わなくてよく（労基則第37条の

第1節　労災補償の仕組み

図表1-2　休業補償の給付基礎日額の年齢階層別最低・最高限度額

年齢階層の区分	最低限度額	最高限度額
20歳未満	4,743円	13,264円
20歳以上～25歳未満	5,324円	13,264円
25歳以上～30歳未満	5,884円	13,934円
30歳以上～35歳未満	6,222円	16,428円
35歳以上～40歳未満	6,643円	19,124円
40歳以上～45歳未満	6,881円	21,243円
45歳以上～50歳未満	7,019円	24,228円
50歳以上～55歳未満	6,780円	25,587円
55歳以上～60歳未満	6,180円	24,934円
60歳以上～65歳未満	5,000円	20,263円
65歳以上～70歳未満	3,910円	15,532円
70歳以上～	3,910円	13,264円

（平成28年7月25日厚生労働省告示第292号、平成28年8月1日～平成29年7月31日）

2）、また行われないことになっています（労災保険法第14条の2）。

(3) 障害補償

　労働者が負傷し、または疾病にかかり、治癒したときに身体に障害が残った場合、身体障害等級（1級から14級まで）に応じて一定の一時金の補償がなされます（労基法第77条、別表第2）。

　これに対して、労災保険の場合には、1級から7級までは年金、8級から14級までは一時金で補償が行われます（労災保険法第15条、別表第1、第2）（図表1-3）。

(4) 傷病補償年金

　労基法の災害補償には傷病補償年金という制度はありません。他方で、労災保険法では、労働者が業務上の傷病により療養を開始

してから1年6か月を経過しても治癒せず、かつ、傷病による障害の程度が傷病等級1ないし3級という重度の傷病に該当する場合に、その障害の状態が継続している間、次のとおり支給されることになっています（労災保険法第18条、別表第1）（図表1－4）。

図表1－3　身体障害等級および災害補償、労災年金・一時金

等級	災害補償	労災保険の年金・一時金	
	平均賃金	給付基礎日額	
第1級	1,340日分	年金	313日分
2	1,190日分	〃	277日分
3	1,050日分	〃	245日分
4	920日分	〃	213日分
5	790日分	〃	184日分
6	670日分	〃	156日分
7	560日分	〃	131日分
8	450日分	一時金	503日分
9	350日分	〃	391日分
10	270日分	〃	302日分
11	200日分	〃	223日分
12	140日分	〃	156日分
13	90日分	〃	101日分
14	50日分	〃	56日分

（労基法別表第2）（労災保険法別表第1、第2）

図表1－4　傷病補償年金額

等級	年金給付基礎日額
傷病等級1級	313日分
2級	277日分
3級	245日分

（労災保険法別表第1）

業務上災害で療養中の者の解雇は禁止されますが、労基法第19条第1項但し書きで打切補償（平均賃金1,200日分）を支払った場合には業務上災害で療養中であっても解雇してよい旨が定められています。ところが、療養開始後3年を経過している場合で、傷病補償年金が支給されているか、開始されるようになった場合には、打切補償が支払われたものとみなして解雇することができることになります（労災保険法第19条）。

（5）遺族補償

労働者が業務上死亡した場合に、使用者は、遺族に平均賃金1,000日分の補償をしなければなりません（労基法第79条）。労災保険法は年金方式と一時金方式とに分かれています。

まず対象者ですが、労基法の災害補償では、①配偶者（内縁の配偶者）、②労働者の子、③父母、④孫および祖父母となっていますが、②ないし④は労働者の死亡当時その収入によって生計を維持していた者または死亡当時これと生計を一にしていた者です（労基則第42条第1項、第2項）。

前述の①ないし④がいない場合には、⑤子、⑥父母、⑦孫、⑧祖父母（⑤ないし⑧は労働者の収入によって生計を維持しておらず、かつ、死亡当時生計を一にしていない場合）、⑨兄弟姉妹とします。兄弟姉妹は、労働者の死亡当時その収入によって生計を維持していた者、労働者の死亡当時その者と生計を一にしていた者を優先します（労基則第43条第1項）。遺族補償を受けるべき同順位の受給権者が2人以上ある場合には遺族補償は人数によって等分します。

労災保険は、遺族補償年金と遺族補償一時金に分け（労災保険法第16条）、細かく受給権者を規定しています。遺族補償年金の順位は図表1－5、年金の金額は図表1－6のように規定されています。

第1章 労災補償、損害賠償の基礎知識

図表1-5 遺族補償年金の順位

第1位	妻、60歳以上または一定障害の夫
第2位	18歳に達する日以後最初の3月31日までにある子、または、一定の障害の子
第3位	60歳以上または一定障害の父母
第4位	18歳に達する日以後最初の3月31日までの間にある孫、または、一定障害の孫
第5位	60歳以上または一定障害の祖父母
第6位	18歳に達する日以後最初の3月31日までの間にある兄弟姉妹もしくは60歳以上または一定障害の兄弟姉妹
第7位	55歳以上60歳未満の夫
第8位	55歳以上60歳未満の父母
第9位	55歳以上60歳未満の祖父母
第10位	55歳以上60歳未満の兄弟姉妹

(労災保険法第16条の2)

図表1-6 遺族補償年金の支給額

遺族数	年金額
1人	給付基礎日額の153日分
55歳以上の妻、一定障害にある妻	175日分
2人	201日分
3人	223日分
4人	245日分

(労災保険法別表第1)

　遺族補償年金の受給権者は、給付基礎日額の1,000日分を限度とする前払一時金を受けることができます。それは、1,000日分、800日分、600日分、400日分、200日分のいずれかから選択することになります。この前払い一時金が支給された場合には、受給権者に対

して支給されるべき年金は、前払一時金相当額に達するまでの間、支給停止されることになっています。

遺族補償一時金は、①労働者の死亡当時に遺族補償年金の受給資格者がいない場合、または、②遺族補償年金の受給権者が失格し、かつ、他に受給権者がなく、すでに支給された年金の合計額が給付基礎日額の1,000日分に満たない場合に支給されます（労災保険法第16条の6第1項）。遺族補償一時金の受給権者は、①配偶者、②労働者の死亡当時その収入によって生計を維持していた子、父母、孫および祖父母、③その他の子、父母、孫および祖父母、④兄弟姉妹となっています（労災保険法第16条の7）。

(6) 葬祭料

労働者が業務上死亡した場合に、使用者はその葬祭を行う者に対して、平均賃金の60日分を支払わなくてはならないことになっています（労基法第80条）。

労災保険の方では、葬祭を行うと認められる者に対して、315,000円の基本額に給付基礎日額の30日分を加算した額、または、給付基礎日額の60日分のいずれか高い方が支給されます（労災保険法第17条）。

(7) 介護補償

介護補償給付は労災保険法で設けられた制度であり、労基法の災害補償制度にはありません。月を単位として、労働者が障害補償年金、傷病補償年金を常時または随時介護を受ける場合に支給されます（労災保険法第19条の2）。

金額は、常時介護を要する場合、①その月において介護を要する費用を支出して介護を受けた日がある場合は支出された費用の額

(ただし、104,950円を限度とする)、②その月において介護を受けた費用が57,030円に満たない場合、費用を支出して介護を受けず親族等による介護を受けた場合は57,030円となります(労災保険則第18条の3の4第1項)。

随時介護を要する場合、①その月において介護を要する費用を支出して介護を受けた日がある場合は支出された費用の額(ただし、52,480円を限度とする)、②その月において介護を受けた費用が28,520円に満たない場合、費用を支出して介護を受けた場合は28,520円となります(労災保険則第18条の3の4第2項)。

2　社会復帰促進等事業としての労災特別支給金等

労災保険では、労働者の福祉を増進するために、業務災害および通勤災害を被った労働者の円滑な社会復帰のために必要な事業、被災労働者および遺族の援護を図るために必要な事業、労働者の安全および衛生の確保のために必要な事業を社会復帰促進等事業として行っています(労災保険法第29条)。

この社会復帰促進等事業は都道府県労働局長(労働基準監督署長が行うものもあります)が直接行うものと独立行政法人労働者健康安全機構に行わせるものとがあります。ここでは、特別支給金について説明しますが、労働者災害補償保険特別支給金支給規則(以下、支給則)に基づいて支給されます。

特別支給金には、①休業特別支給金、②障害特別支給金、③遺族特別支給金、④傷病特別支給金、⑤障害特別年金、⑥障害特別一時金、⑦遺族特別年金、⑧遺族特別一時金、⑨傷病特別年金があります(支給則第2条)。

（1）休業特別支給金（支給則第3条）

休業補償給付の受給者に対して、原則1日につき給付基礎日額の20％が支給されます。

（2）障害特別支給金（支給則第4条）（図表1-7）

障害補償給付の受給者に対して、等級ごとに一時金が支給されます。

（3）遺族特別支給金（支給則第5条）

遺族に対して、一律300万円が支給されます。

（4）傷病特別支給金（支給則第5条の2）

傷病補償年金の受給者に対して、傷病等級第1級の場合114万円、第2級の場合107万円、第3級の場合100万円が支給されます。

図表1-7　障害特別支給金額

障害等級	金額
第1級	342万円
第2級	320万円
第3級	300万円
第4級	264万円
第5級	225万円
第6級	192万円
第7級	159万円
第8級	65万円
第9級	50万円
第10級	39万円
第11級	29万円
第12級	20万円
第13級	14万円
第14級	8万円

（支給則別表第1）

（5）特別給与を基礎とする特別支給金

　負傷または発病の日以前1年間にその労働者に対して支払われた賞与等の特別給与の総額を算定基礎年額とし、それを365で除して算定基礎日額とします。その上で、次のとおり年金、特別一時金が支給されます（支給則第6条）。

① 　障害特別年金（支給則第7条）
　障害補償年金の受給者に支給されます（図表1－8）。
② 　障害特別一時金（支給則第8条）
　障害補償一時金の受給者に支給されます（図表1－9）。

図表1－8　障害特別年金の額

等級	金額（算定基礎日額）
第1級	313日分
第2級	277日分
第3級	245日分
第4級	213日分
第5級	184日分
第6級	156日分
第7級	131日分

（支給則別表第2）

図表1－9　障害特別一時金の額

等級	金額（算定基礎日額）
第8級	503日分
第9級	391日分
第10級	302日分
第11級	223日分
第12級	156日分
第13級	103日分
第14級	56日分

（支給則別表第3）

③ 遺族特別年金（支給則第9条）
　遺族補償年金の受給者に支給されます（**図表1－10**）。
④ 遺族特別一時金（支給則第10条）
　遺族補償一時金の受給者に、算定基礎日額の1,000日相当分を最高限度とする一時金が支給されます。
⑤ 傷病特別年金（支給則第11条）
　傷病補償年金の受給者に対して支給されます（**図表1－11**）。

図表1－10　遺族特別年金の額

遺族の状態	金額（算定基礎日額）
遺族が1人の場合	153日分
55歳以上の妻または障害の状態にある妻の場合	175日分
遺族が2人の場合	201日分
遺族が3人の場合	223日分
遺族が4人以上の場合	245日分

（支給則別表第2）

図表1－11　傷病特別年金の額

等級	金額（算定基礎日額）
傷病等級第1級の場合	313日分
第2級の場合	277日分
第3級の場合	245日分

（支給則別表第2）

第2節 労災保険の請求と損害賠償

　被災者または遺族は、労災保険からの補償金請求と、使用者に対する損害賠償請求の2つの選択肢があります。1つの災害の補償に対して手続きや請求先が異なるのはもちろんのこと、補償範囲が異なることから、両者の関係について混乱する人も少なくないようです。ここでは、両者の関係を整理しながら労災保険の請求手続きについてみていきましょう。

1　労災保険が支給されれば損害賠償はしなくてもよいか

(1) 労災保険では、損害の全ては補償されない

　災害補償・労災保険の役割は、労働者本人またはその家族の生活保障を行い、その福祉に寄与することです。
　労災保険は、その被災した労働者の財産的な損害を補填します。すなわち、その労働者に支給されてきた月額給与を基準にしてその一定割合が支給されることになります。しかし、その財産的な損害の補填も月額給与の100％ではありません。ボーナスや退職金等については、ボーナス部分が社会福祉事業としての特別補償で一部賄

われるに過ぎず、財産的な損害の全てを補填されるわけではありません。

他方で、被災労働者や家族の損害のうち、いわゆる精神的苦痛に関する損害、すなわち慰謝料については、労災保険の災害補償の対象外です。損害賠償請求事件で1人死亡した場合の慰謝料額については、2,400万円～2,800万円くらいですが、この金額が、損害賠償として残ることになります。

したがって、労働災害に使用者側の落ち度が認められる場合には、労働者または家族は、使用者に対して労災保険で補償されなかった財産的な損害、精神的な慰謝料を、損害賠償請求することが認められる場合があります。

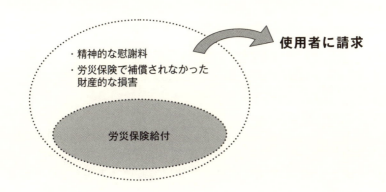

(2) 労災保険給付の範囲では、損害賠償は免れる

一方、使用者は、労基法第75条（療養補償）、第76条（休業補償）、第77条（障害補償）、第79条（遺族補償）、第80条（葬祭料）等に基づいて災害補償義務を負いますが、労災保険法に基づいて災害補償に該当する給付が行われたときは、使用者は補償の責任を免れること

になっています（労基法第84条第1項）。

さらに、使用者が災害補償を行った場合においては、同一事由についてその価額の限度において民法による損害賠償の義務を免れると定められています（労基法第84条第2項）。よって、結果として労災保険給付からの給付がなされた場合には、その限度において損益相殺がなされ、使用者は損害賠償義務を免れることになります。

損益相殺

損害を被った者が損害を被った原因と同じ原因によって利益（賠償）を受けた場合に、その利益の額を損害額からのぞくことをいいます。これは、損害を公平に分担するという法の原則に基づきます。

2 無過失責任と過失責任

(1) 労災保険－無過失責任

労災保険の支給の要件（必要とされる条件）は、業務上生じた災害（業務上災害）であることです。使用者側に過失があることは要件とされていません。

業務上であるかどうかは、①業務遂行性と②業務起因性の両面から判断されます。

① 業務遂行性

業務遂行性とは、業務を遂行する過程において、その災害が発生するということです。労災事故であれば業務遂行中の事故か否かは明白ですが、疾病の場合には業務遂行中か否かは必ずしも明確な要

件ではありません。

例えば業務遂行中にインフルエンザが原因で肺炎を起こした場合には、余程の事情がなければ業務上災害とは認められないでしょう。他方で、いわゆる過労死で、深夜自宅で寝ている際に心筋梗塞を起こして死亡した場合には、業務遂行性の災害でないことは明らかですが、それでも業務上の疾病と認められることはあります。

② **業務起因性**

その災害が業務に起因することが必要です。仕事中に脳出血で倒れたとしても、その原因が遺伝性や元々の体質や疾病に起因するものであれば、業務上の疾病ではありません。過重な業務の結果、脳出血で倒れたとすれば業務上の疾病ということになります。

このように業務上の災害か否かということについては、判断の難しい問題もありますが、「客観的にみて業務上か否か」で判断されます。つまり、災害補償・労災保険の対象となるのか否かについては、使用者側の落ち度は考慮されません。これを**無過失責任**といいます。

(2) 損害賠償責任−過失責任

これに対して、損害賠償責任については、使用者の側の落ち度を要件としており、これを**過失責任**といいます。

損害賠償を請求するにあたっては、根拠とする民法の条文により、債務不履行としての安全配慮義務違反（民法第415条）と、不法行為責任（民法第709条等）の2つの方法があります。債務不履行としては「債務者（使用者）の責めに帰すべき事由」、不法行為としては「故意または過失」として、いずれも使用者側の落ち度が必要となります。損害賠償責任については、第4節で詳しく解説していきます。

3 労災保険の申請から支給決定

(1) 申請手続きは本人が原則だが、事業者が代行

　労災保険の手続きは、労働者本人または遺族の請求によって開始します（図表1－12）。時々、労災保険は使用者である企業が請求するものと誤解している人もいますが、使用者である企業の担当者が事実上、代行して請求しているに過ぎません。

　それは、労働者本人や遺族が労災保険手続きに理解が不十分であったり、労災の請求書には、使用者である企業しか知らない事実を記載する箇所や使用者が記載すべき箇所もあるためです。所轄の労働基準監督署（以下、労基署）に完璧な労災請求書を提出するとすれば、事実上は使用者である企業の担当者が代行して提出することが多いといえます。

(2) 申請内容で双方の意見が食い違う場合

　使用者が記載すべき記入欄として極めて重要なのは、労働者または遺族が記入した「災害の原因および発生状況」（以下、「災害の状況」）について、これを証明するか否かの証明欄の記載です。この「災害の状況」の記載については、労働者または遺族の認識している内容と使用者の認識している内容とが異なることがしばしばあります。

　労働者または遺族側が自分たちにとって有利な内容の記載をした場合に、その記載に異論がありながらも使用者が証明欄に署名押印したとすれば、その後の示談や損害賠償請求訴訟事件において不利に取り扱われる可能性もあり、使用者である企業も慎重に対応しなければなりません。

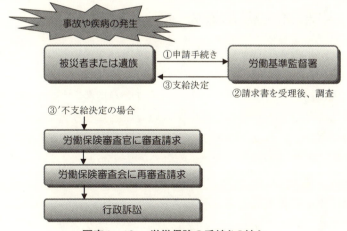

図表1－12　労災保険の手続きの流れ

　ところで、労働者側の記載した「災害の状況」については、使用者側としては納得できないので証明を拒絶できるかという問題があります。仮に証明を拒絶したとして、労働者側が労基署に請求書を提出した場合には、労基署はこれを受理しますが、使用者側は、なぜ「災害の状況」について証明をしないのかについて理由を尋ねられます。その場合には理由を回答しなければなりません。それに初めから証明を拒絶するということは労基署の心証が悪くなるばかりか、場合によっては、示談交渉をはじめる前に、労働者本人または遺族との間に亀裂が入ってしまうことになります。

　その場合どうしたらよいでしょうか？　すなわち、使用者側の主張をうまく行いながら、手続面での協力をしていけばよいのです。証明欄に署名押印しながら、かつ、同時期に労災申請に関する使用者側の意見書を並行して提出するのです。特に、労働者側と使用者側とで意見の異なることが多い過労死事件・過労自殺事件などでは、労基署に対して意見書を提出することが求められるといえるでしょう。

(3) 申請後の労基署の対応、認定まで

　労災請求書が受理されれば、労基署は使用者側に対して、労働災害の状況についての調査をするとともに、賃金台帳、就業規則、賃金規則、出勤簿、タイムカード、パソコンのログなど、労働災害の内容に応じた必要な資料の提出を求めることになります。

　労災事故であれば、関係従業員のヒアリングは比較的簡単なものであり、監督者や現場付近にいた者などですむと考えられます。

　一方、過労死や過労自殺などになると、関係者も多数に及び、ヒアリングも長期間になると予想されます。また、疾病については、その業務とその疾病との因果関係が明らかではない場合には、労基署またはその上位の行政官庁である都道府県労働局が委嘱している専門の複数の医師の意見を聞くことが行われています。

　期間的には、必要書類が提出された後、労災事故や疾病の業務との因果関係が明らかであれば、業務上災害と認定されるために要する期間は2か月程度ですみ、労基署長による支給決定がなされて支給が行われます。ところが、過労死や過労自殺などのように業務との因果関係が明確ではない場合には、ヒアリングや専門医による意見聴取等に相当な時間を要し、労基署長の判断がなされるまでに10か月～1年6か月位を要することになります。

　なお、不支給決定がなされた場合には、被災者本人または遺族は、労働局の労災保険審査官に対して審査請求をすることができ、さらに、労働保険審査会に対して再審査請求をすることが可能です。それでも業務外の決定がなされれば、国に対して行政取消訴訟を提起することが可能です。

4 相続について

(1) 労働災害で死亡した場合

　被災者が死亡した場合には、相続人らが労災保険の請求をしますが、その補償内容は遺族補償給付と葬祭料です。

　遺族補償給付は、労災保険の場合には遺族補償年金と遺族補償一時金とに分けられます。

　遺族補償年金は、労働者の死亡当時その収入によって生計を維持していた者、または死亡当時その労働者と生計を一にしていた者とされ、第1順位から第10順位まで順位が決められています（P.14、図表1－5参照）。遺族補償一時金は、労働者の死亡当時に遺族受給年金の受給資格者がいない場合、遺族補償年金の受給権者が失格し、他に受給資格者がおらず、すでに支給された年金の合計額が給付基礎日額の1,000日分に満たない場合に支給されます。

　葬祭料は葬儀を行うと認められる者に支払われます。通常は遺族の代表に支払われますが、使用者である企業の方で社葬にして一切の費用を支払った場合には、企業の方に支払われます。

(2) 年金受給者が死亡した場合

　遺族補償年金を受給していた遺族が死亡した場合には、年金を受ける権利がその遺族によって相続されるわけではなく、その遺族が死亡したことによって、次順位の繰り上げがなされる可能性があります。例えば、第1順位の妻が死亡した場合に、第2順位の子、第3順位の父母が遺族年金の対象者となります。この年金受給資格者がいない場合には遺族補償一時金が支払われる場合もあり得ます。

5 労基署と裁判所の判断が異なる場合

(1) 労基署長の判断と裁判所の判断が異なる場合

　労災保険の業務上・外の判断において、労基署の判断と裁判所の判断が異なることはままあり得ることです。過労死や過労自殺による労災請求がなされた場合に、労基署長、労災保険審査官、労働保険審査会の判断が業務外であった場合に、その行政取消訴訟において裁判所が労基署長の判断が誤っているとして、不支給決定を取り消す判断は数多く出されています。

判断基準は同じだが…？

　一体なぜそのような結果となるのか理由は不明ですが、少なくとも行政が考えている業務上の範囲は、裁判所が考えている業務上の判断よりもかなり狭いことは間違いなさそうです。具体的にどこが異なるのかについては、判断する基準が行政と裁判所で異なっているという明確な証拠はなく、ケースバイケースで判断しなければなりません。裁判所の判断も、結局、行政が使っている業務上・外の認定基準に基づいて判断していることが多いにもかかわらず差異が生じるということは、基準ではなく、当てはめの差異と考えざるを

えません。
　訴訟で、労基署長の業務外の判断が取り消された場合には、行政の判断よりも裁判所の判断が優先されることになり、最終的には最高裁判所の判断が最優先となります。

(2) 労災と損害賠償の判断が異なる場合

　問題は、労災保険の業務上・外における判断と損害賠償における民事訴訟の因果関係（損害が業務と関係があったかということ）の判断が異なる場合です。これも、行政取消訴訟における判断と損害賠償請求訴訟における判断とが異なることは十分に考えられます。

　それが異なった判断がなされたのは、『立正光成会病院医師過労自殺事件』です。病院の医師がうつ病になり自殺したという事件で、まず、労基署長の判断が業務外であったために取消訴訟を提起し、同時に並行して遺族が病院を経営する法人に損害賠償請求をしたという事案です。取消訴訟が認められ労基署長の業務外の判断は覆されました（東京地裁平成19年3月14日判決。被告は控訴しませんでした）。一方、損害賠償請求訴訟（東京地裁平成19年3月29日判決）の方は業務と自殺の間の相当因果関係はないとして請求は棄却されました。

　類似する事案ですが、『東芝事件』（一審：東京地裁平成20年4月22日判決、控訴審：東京高裁平成23年2月23日判決、最高裁平成26年3月24日判決）もあります。うつ病に罹患して休職していた女性社員が休職期間満了直前に労災保険の請求をしたのですが、会社は肯定せずに休職期間満了により解雇しました。労基署長は労災の請求を業務外として棄却したので、業務外の疾病であり、解雇は有効と考えていたところ、解雇無効の訴訟において、その女性社員のうつ病は業務上と判断されて、解雇は労基法第19条違反として無効と

判断されてしまいました。

このように労災請求と行政取消訴訟手続きや、行政取消訴訟と民事損害賠償訴訟とは別手続きですが、往々にして、その疾病が業務上であるか否かの判断が食い違うことがあります。手続きは平行して進んでいくこともあり、使用者側とすれば、極めて慎重に双方の成り行きをみながら対応をしていかなければならないことになります。

業務上・外の判断については、一応、労基署長の判断（行政上の判断）を尊重して対応を進めていけばよいと考えられるところですが、2つの事件のような、行政と訴訟とで食い違う事態が生じかねないことも覚悟しなければならないことになります。

6　労働者側の過失がある場合

では、次に、労働者側に労働災害を引き起こしたことについて過失がある場合についてみていきましょう。過失により労災保険は支給されないのか、または、減額されるのか。損害賠償請求事件の場合には、過失は斟酌されるのかという問題です。

(1) 労災請求について

労基法第78条は、「労働者が重大な過失によって業務上負傷し、又は疾病にかかり、且つ使用者がその過失について行政官庁の認定を受けた場合においては、休業補償又は障害補償を行わなくてもよい。」と定めています。この条文が現実に適用されることは考えにくいわけですが、重大な過失があること、労基署長の認定を受けることで、休業補償または障害補償を行わなくてよいことを定めています。

これに対して、現実に給付される際に問題となる労災保険法では、第12条の2の2第1項において、「労働者が、故意に負傷、疾病、障害若しくは死亡又はその直接の原因となった事故を生じさせたときは、政府は、保険給付を行わない。」、同条第2項では、「労働者が故意の犯罪行為若しくは重大な過失により、又は正当な理由がなくて療養に関する指示に従わないことにより、負傷、疾病、障害若しくは死亡若しくはこれらの原因となった事故を生じさせ、又は負傷、疾病若しくは障害の程度を増進させ、若しくはその回復を妨げたときは、政府は、保険給付の全部又は一部を行わないことができる。」と定めています。故意の行為によって死亡、障害等を負った場合に労災保険が出ないことは当然ですが、自殺の場合には、うつ病等の精神疾患の場合には完全な自由意思で自殺したのではなく、著しく判断能力が劣った状態で行ったものとして故意とは捉えられません。

　重大な過失がある場合については、同条第2項において、保険給付の全部または一部を行わないことがある旨の定めがありますが、現実には、保険の給付の全部または一部を不支給にするという取扱いは希有に近いものとなっています。

(2) 損害賠償請求の場合

　これに対して損害賠償請求事件の場合には、使用者である企業は、労働者側の過失を主張して過失相殺の主張をすることは自由であり、現実に過失相殺の主張は少なからず採用されています。安全配慮義務違反の債務不履行責任を追及する場合には民法第417条により、不法行為責任の追及の場合には民法第722条により過失相殺の主張をすることができます。

　ただし、使用者である企業が、わざわざ過失相殺の主張を明確に

しなくとも、裁判所は職権で労働者側の過失を斟酌することができるものと解されました(『NTT東日本事件』(最高裁第一小法廷平成20年3月27日判決)。

7　労災保険からの補償費用の求償

　労災保険から多額の保険金が被災労働者に支払われた場合に、労災保険の保険者である国は加害者に対して、支払った保険金分の求償ができるかという問題があります。
　この加害者が純然たる第三者であれば、国は、支払った保険金について補償分の求償ができます。このような形態を第三者行為災害と呼びます。例えば、工場内で就労していた労働者に対して、納品に来ていた業者の自動車運転手が運転を誤って、労働者をひき殺してしまった場合には、その被害者の遺族らはその運転手やその納品業者に対して損害賠償請求権を有するわけです。しかし、国が先んじて労災保険金を支払った場合には、その遺族が有する損害賠償請求権の全部または一部を代位取得※してその運転手や納品業者に対して請求をすることができます。
　他方、労働災害の原因が、その使用者である企業の場合やその従業員である場合にはどうなるでしょうか。企業に対しては、元々、労災保険の保険料を負担しているのはその企業なので、国からの請求はなされません。また、その従業員については第三者であるという見方もあり得るのですが、実務上は、その従業員に対して請求することはなされていません。なぜなら、企業は多くの従業員を使用して活動することから、当然従業員の過失等から他の従業員の労働災害が引き起こされることは予想でき、そのような事態も含めて労

災保険で無過失に一定の補償をしようとするわけであり、過失があるからといって従業員への請求を認めるとすると保険の利益がなくなるからです。

　なお、労働災害で労災保険から相当額の保険金が支払われると、保険料率が跳ね上がる場合があります(メリット制)。その意味でも、労災事故を引き起こすと、その企業にとってマイナスになります。

　　　※代位取得：他人の法律上の地位に代わって、その人の権利を取得して
　　　　　　　　　行使すること

第3節 使用者の安全配慮義務（責任論）

　使用者が、労働者の生命、身体、健康のために責任を負うのは自明であり、これを安全配慮義務といいます。安全配慮義務は、判例上で認められてきた経緯がありますが、現在は労働契約法第5条で定められています。
　本節では、安全配慮義務について解説し、みなさんが日頃行っている安全衛生管理・活動が、裁判上はどのように義務の内容として評価されるのかをみていきます。

1　安全配慮義務とは

(1) 安全配慮義務の内容

　安全配慮義務とは、使用者がその雇用する労働者に対して、その生命、身体、健康を守るべき義務です。この義務は、抽象的な義務ではなく、その労働者が労務を提供する場合にあたっての具体的な義務になります。
　この義務が認められることになったのは2つの最高裁判決によっています。1つは、『自衛隊八戸工場事件』（最高裁昭和50年2月25日判決）であり、使用者である国の義務を、「国は公務員に対し、

国が公務遂行のために設置すべき場所、施設もしくは器具等の設置管理又は公務員が国もしくは上司の指示の下に遂行する公務の管理にあたって、公務員の生命及び健康等を危険から保護するよう配慮すべき義務(以下「安全配慮義務」という。)を負っているものと解すべきである。」と述べています。

さらに、民間の企業についての『川義株式会社事件』(最高裁昭和59年4月10日判決)においても、「使用者は、右の報酬支払義務にとどまらず、労働者が労務提供のため設置する場所、設備もしくは器具等を使用し又は使用者の指示のもとに労務を提供する過程において、労働者の生命及び身体等を危険から保護するよう配慮すべき義務(以下「安全配慮義務」という。)を負っている。」と述べています。

その後、多くの裁判例で安全配慮義務は確立しましたが、現在は、労働契約法第5条で、「使用者は、労働契約に伴い、労働者がその生命、身体等の安全を確保しつつ労働することができるよう、必要な配慮をするものとする。」と定められています。

(2) 安全配慮義務の内容と主張・立証責任

安全配慮義務が具体的な内容でなければならないことは、前述の川義事件の最高裁判決で、「労働者の職種、労務内容、労務提供場所等安全配慮義務が問題となる当該具体的状況等によって異なるべきである。」と述べているとおりです。そして、その具体的な内容とその違反の主張立証責任は被害者側である原告側にあるといわれています。これも最高裁の『航空自衛隊芦屋分遣隊事件』(最高裁昭和56年2月16日判決)で、「国が国家公務員に対して負担する安全配慮義務に違反し、右公務員の生命・健康等を侵害し、同人に損害を与えたことを理由として損害賠償をする訴訟において、右の義務の内容を特定し、かつ、義務違反に該当する事実を主張・立証する

責任は、国の義務違反を主張する原告にある。」と述べられているところです。

(3) 安全配慮義務の根拠と拡張

　使用者と労働者の間には労働契約関係が存在し、その労働契約関係に基づき使用者は労働者に対して安全配慮義務を負うことになります。しかし、判例は、安全配慮義務には必ずしも労働契約関係の存在を前提としていません。元請業者と下請業者の労働者との間や、注文者と請負人の労働者との間にも、実質的な指揮監督関係のあることを前提として、元請業者の下請業者の労働者に対する、または、注文者の請負人の労働者に対する安全配慮義務の存在を肯定しています。

(4) 具体的意味の安全配慮義務

　民事訴訟の中で使われる安全配慮義務というのは、極めて具体的内容を要求されます。つまり、安全配慮義務があるということで損害賠償責任を追及されることになるため、では、具体的に使用者は労働者のために何をするべきであったのか、そして、その措置を講じたのか、講じなかったのかということが問題となるわけです。

　例えば、墜落・転落事故での民事訴訟で認定される安全配慮義務というのは、次のa～fのような内容になると思われます。もちろん、その現場の特殊性やその作業環境の具体的な事情から安全配慮義務の内容が変化することはありえます。

墜落・転落事故の安全配慮義務の内容（例）

a　作業床、手すりの設置
b　安全帯の支給、墜落防止用ネットの設置
c　ヘルメット、安全靴の支給
d　安全教育の有無と内容
e　不安全行動に対する注意
f　日常の健康管理

　その他、例えば、トンネルじん肺訴訟では、次のa～fのような内容の安全配慮義務が主張されています。

粉じん作業におけるじん肺防止のための安全配慮義務の内容（例）

a　粉じんの発生を抑制すること
　　－粉じん発生箇所の密閉化、完全自動化、散水
b　発生した粉じんを希釈すること
　　－全体換気装置、局所排気装置の設置
c　粉じん吸引防止措置をとること
　　－吸じん機の設置、防じんマスクの支給
d　安全衛生教育
　　－じん肺の知識、防じんマスクの使用
e　健康診断の実施と配置転換
f　粉じんばく露時間の減少

　このように、具体的な安全配慮義務の内容が遵守されていたのかを、その時間、その場面において検討しなければならないわけです。

(5) 安全配慮義務の分析

　ところで、裁判例の中の安全配慮義務については、次の①ないし⑤の類型に分類することができます。以下、それぞれについて、簡単に説明しましょう。

- ① 物的・環境的危険防止義務
- ② 作業内容上の危険防止義務
- ③ 作業行動上の危険防止義務
- ④ 寮宿泊施設における危険防止義務
- ⑤ 健康管理義務

① 物的・環境的危険防止義務

　物理的な意味での作業上の危険を防止するべき義務のことをいいます。作業施設、作業の設備、機械器具・機材、材料等が安全性を欠いており、その不備欠陥によって作業遂行過程において労災事故の発生する危険性が出てきます。そのため、その物的・環境的な危険を防止するようにしなければならないわけです。

　例えば、建設現場に足場が設置されていなかった、プレス機械に安全装置が設けられていなかった、粉じん現場で防じんマスクが支給されていなかった等をあげることができます。

② 作業内容上の危険防止義務

　労働者が危険な作業方法をとらないように、十分な対策を講じる義務のことをいいます。具体的には、安全衛生教育を実施するとか、不安全、不衛生な行動に対しては厳しく注意するという内容になり

ます。物理的な対策ではなく、ソフト面の対策といえます。
　例えば、作業機械の安全装置の使用の仕方を教えていなかったとか、粉じん作業現場で防じんマスクを支給しているもののその着用を義務づけていなかった等ということが考えられます。

③　作業行動上の危険防止義務
　労働者間の作業上の連絡調整をきちんと行い、整然とした工程の中で作業を行わせる義務をいいます。1つの職場で、複数の労働者がそれぞれ別の内容の作業を行っていたり、1つの工場の中に専門の請負業者が数社入って混在している場合等が考えられますが、各労働者間、各業者間で作業の手順、作業の順序を連絡し調整し合う義務をいいます。
　例えば、大きな工場内で複数の下請業者が入って作業している場合に、一方の下請業者Aがクレーン車を使って製品の積込み作業をしている際、他方の下請業者Bが近くで製品の検収を行っており、下請業者Bの従業員が下請業者Aの従業員の運転するクレーン車に体を挟まれてしまった場合等が考えられます。

④　寮宿泊施設における危険防止義務
　直接作業遂行の過程ではなく、私生活の場である寮や宿泊設備においても、場合によっては使用者が安全配慮義務を負う場合があります。具体的には以下の事件などがあります。
　ａ．『日産独身寮事件』(東京地裁昭和51年4月19日判決)
　　風邪で高熱を出して死亡した社員に対して寮の管理人の落ち度を認めた。
　ｂ．『山路医院事件』(名古屋地裁昭和56年3月9日判決)
　　住込みの看護師が、寄宿舎内に設置されている浴室で、換気設

備が悪いために入浴後に一酸化炭素中毒で死亡したことについて、使用者である医師の責任を認めた。
　ｃ．『川義株式会社事件』(最高裁昭和59年4月10日判決)
　宿直勤務中の労働者が強盗に殺害されたことについて、会社の責任を認めた。

⑤　健康管理義務
　安全配慮義務の安全の中には社員の健康も含まれます。いわゆる過労死事件・過労自殺事件のように、過重な業務により、労働者が健康を害することのないよう、また、労働者の健康状態が悪化しているか、または、悪化しようとしている場合には、勤務軽減などの措置により健康が増悪することのないように配慮するべき義務をいいます。
　過労死の損害賠償事件では『システムコンサルタント事件』(東京高裁平成11年7月28日判決)、関西医科大学事件(大阪高裁平成16年7月15日判決)、過労自殺の事件としては有名な『電通事件』(最高裁平成12年3月24日判決)等があります。

2　安衛法と安全配慮義務の関係

　安衛法の規制の内容と安全配慮義務の内容とは、かなりオーバーラップします。安衛法の規制は、安全配慮義務の中核的な部分を成し、刑罰付きで実行させるということになります。

(1) 安衛法の義務と安全配慮義務
　安衛法の事業者の義務と安全配慮義務の関係について述べます。

安衛法は行政取締法かつ特別刑法であり、事業者は同法違反がある場合には行政指導に従わざるを得ず、それを無視するようなことがあれば刑事事件に移行し、刑事責任が追及されます。そのため、安衛法の定める事業者の措置義務の内容は、安全衛生面のうちの中核部分であるといえます。
　これに対して、安全配慮義務は、民事損害賠償で用いられる労働契約に基づく義務です。これは、その災害発生時の作業環境下で、使用者がどのような行為をするべきであったかという観点から、かなり広範囲の安全配慮義務の内容が認められることになります。そして、その範囲は安衛法の義務づけられる一定の措置義務の内容よりはかなり広範囲になります。したがって、多くの場合には、安衛法により事業者に定められる措置義務は、民事の安全配慮義務の内容の中の中心部分ということができるわけです。
　このような関係に立つので、安衛法の措置義務を尽くしても安全配慮義務違反がないとはいえないことになります。他方、安衛法の措置義務違反があれば、通常は民事上の安全配慮義務違反が認められるという関係となります。

安衛法を遵守するだけでは不十分!!

その点については、『松村組事件』（大阪地裁昭和56年5月25日判決）が参考になります。労災事故の直後に災害調査にやってきた労働基準監督官から安衛法違反の指摘をされなかったので、会社としては安全配慮義務を尽くしたと主張しました。判決は、次のように述べて、会社の主張を排斥しています。

> 「労働基準監督署が法令上違反の点はないとしていることも…、前記安全配慮義務の存在を否定する理由にはならない。けだし、労働基準監督署は労働安全衛生法、同規則の法令に照らし法違反の有無を検するものであるところ、右法律等は使用者が労働者に対する危険防止のためにとるべき一般的な措置を定めその実施を行政的監督に服させる趣旨のものであり、その規定するところは使用者の労働者に対する私法上の安全配慮義務の内容を定める基準となり得るものではあるが、具体的状況に応じて定められるべき右安全配慮義務内容のすべてを規定するものではないと考えられるからである。」

(2) 労働契約法による安全配慮義務の法定化と拡大化

先に述べたように、労働契約法が成立し平成20年3月1日より施行されていますが、同法第5条で「使用者は、労働契約に伴い、労働者がその生命、身体等の安全を確保しつつ労働することができるよう、必要な配慮をするものとする。」と定めています。

一般的な意義の安全配慮義務が法制化されたことにより、より使用者の義務が強化され、より安衛法の規定が重要になったといえます。安衛法の規定の内容は安全配慮義務に直結するわけではありませんが、一般には安全配慮義務の内容の中核部分であると解されて

おり、ストレスチェック制度や化学物質のリスクアセスメントの義務化など、平成26年の安衛法の改正によって、安全配慮義務の範囲は広がり、また程度の強化がなされていることになります。

3 　安全対策の費用が高額になる場合の対応

　技術的には可能であるが、費用が高額になるため、経済的な理由から安全対策を行わなかった場合、安全配慮義務違反となるでしょうか。安全衛生対策は万全のものでなければならないといわれ、結果が発生すれば、即、安全配慮義務違反が成立すると見られがちです。しかし、安全配慮義務は「なす債務」であり、やるべき事をやりさえすれば結果が発生したとしても、安全配慮義務違反は成立しないこともありえます。

　その義務を尽くしたか否かは、その対策に費用をかけるか否かとは全く無関係であり、安全対策は"社会的に見て相当"なものである必要があります。

　「社会的に見て相当」とは、物理的にみて労働災害が起こりえない程度の対策とはいえないにしても、安全衛生教育を繰り返し行い、また不安全行動を行っている労働者に厳しく注意するなど通常の労働者であれば、そのような労働災害を引き起こすことは考えにくいような安全対策を行っていることをいいます。

　安全対策が高額になろうが他に安全な対策がない以上は、それをやらずに漫然と安全対策を講じずに労働者に作業を命じた以上は、労働災害が発生したときには安全配慮義務違反となります。その意味で、それ以外に安全対策がない以上は、たとえ高額であろうとその安全対策を講じなければなりません。

他方で、万全ではないにしても、その高額である以外の物理的な安全対策を行った場合、安全教育、日常の管理監督・指導等によるソフト面での対策を加味することによって、社会的に相当な対策を行ったと評価し得るものであれば、安全配慮義務を尽くしたということはいえます。

安全配慮義務は、結果を発生させないことが重要視されるわけですが、仮に、結果が発生したとしても使用者としてやるべき事を尽くしたと評価されるのであれば、安全配慮義務違反は成立しません。

4　安全衛生教育の重要性

事業者が行うべき安全衛生教育は、安衛法で決められており、事業者としては、それぞれの労働者等に対して、少なくとも各労働者の立場・状況に応じた安全衛生教育を実施しなければなりません。安衛法・安衛則が定めている安全衛生教育は、以下のようなものです。

---

1. 雇入時の安全衛生教育（安衛法第59条第1項、安衛則第35条）
   ① 機械等、原材料等の危険性又は有害性及びこれらの取扱い方法に関すること。
   ② 安全装置、有害物抑制装置又は保護具の性能及びこれらの取扱い方法に関すること。
   ③ 作業手順に関すること。
   ④ 作業開始時の点検に関すること。
   ⑤ 当該業務に関して発生するおそれのある疾病の原因及び予防に関すること。
   ⑥ 整理、整頓及び清潔の保持に関すること。
   ⑦ 事故時等における応急措置及び退避に関すること。
   ⑧ 各号に掲げるものの他、当該業務に関する安全又は衛生のために必要な事項。
2. 作業内容変更時の安全衛生教育（安衛法第59条第2項）
   内容は1と同様。

3. 危険又は有害業務に従事する際の特別教育（安衛法第59条第3項）
　　免許や技能講習等の資格要件は必要とされていないものの、それに準ずるような危険・有害業務については特別の教育が必要とされます。その特別教育が必要とされる業務は軽荷重のフォークリフトの運転、ショベルローダー・フォークローダーの運転、石綿等が使用されている建築物または工作物の解体等の作業の業務等60種類（安衛則第36条）。

4. 職長等の指導・監督者の安全衛生教育（安衛法第60条）
　　部下である労働者に対して十分な安全衛生教育を施し、かつ、その教育に反する行為を行っている者がいれば速やかに注意して是正させる立場にある者に対する教育です。その内容は、次のa～eのとおりで必要な時間数も決められています。
　　a　作業方法の決定及び労働者の配置に関すること−2時間
　　　①　作業手順の定め方
　　　②　労働者の適正な配置の方法
　　b　労働者に対する指導又は監督の方法に関すること−2.5時間
　　　①　指導及び教育の方法
　　　②　作業中における監督及び指示の方法
　　c　危険性又は有害性等の調査及びその結果に基づき講ずる措置に関すること−4時間
　　　①　危険性又は有害性等の調査の方法
　　　②　危険性又は有害性等の調査の結果に基づき講ずる措置
　　　③　設備、作業等の具体的な改善の方法
　　d　異常時における措置に関すること−1.5時間
　　　①　異常時における措置
　　　②　災害発生時における措置
　　e　その他現場監督として行うべき労働災害防止活動に関すること−2時間
　　　①　作業に係る設備及び作業場所の保守管理の方法
　　　②　労働災害防止についての関心の保持及び労働者の創意工夫を引き出す方法

5. その他の安全衛生教育（安衛法第60条の2）
　　その事業場における安全衛生の水準向上を図るため、危険又は有害な業務に現に就いている者に対して、その従事する業務に関する安全・衛生のための教育を行うよう努めなければならないと定められ、必要な指針も公表されている。

ただ、この安衛法等で定められている安全衛生教育は体系的に決められた定型的な内容であり、それ自体は意味がありますが、現実に労働災害の危険が発生している状況下において労働災害を未然に防止するための教育とは性格を異にします。事業者は、法定の安全衛生教育の実施のみをもって義務を尽くしたとは言い切れません。

　もし労働者が安全装置を使用しないでプレス等の機械を使用しているのであれば、監督者は必ず安全装置を使用させるよう教育をすると同時に、仮に、再度使用していない状況を見つけたならば、そのまま就労させてはなりません。また、何度注意してもその労働者がその指示を聞かないのであれば、懲戒処分にするくらいの覚悟が必要です。

　現実的な安全衛生教育は、前述の安全配慮義務の種類の中の作業内容上の危険防止義務の1つであり、危険な作業形態からの労働災害の未然防止のために必要不可欠なものです。

5　どこまでやれば義務を尽くしたことになるのか

　では、どこまでやれば、義務を尽くしたことになるのでしょうか。

　残念ながら「ここまででよい。」という明確な解答はありません。最低限の実施事項である安衛法の規定を遵守した上で、一定の費用をかけ、社会的に相当と評価される、できるだけの手段を尽くせとしかいいようがないのです。

　日頃より、安全衛生スタッフは、リスクアセスメントや危険予知活動などにより、日常危険と感じたことに対して、それを明らかにして周知し、その危険が事故やけがにつながることがないような措

置を講じなければならないということになります。
　また、日頃から安全配慮義務が争われた裁判例にあたりどのような範囲が義務の内容とされているのか知っておくとよいでしょう。第2章で具体的な事例を紹介していますので参考としてください。

第4節 損害賠償の法的な根拠

　被災者やその遺族は、労基法の災害補償責任や労災保険による補償ばかりではなく、使用者に対する損害賠償を請求することがあります。使用者が負う責任の法的根拠は、安全配慮義務と不法行為責任です。本節では安全配慮義務・不法行為責任を請求する際の要件その他について解説します。

1　債務不履行責任と不法行為責任

　労災事故・職業病の損害賠償請求の場合に、法的な根拠となるのは、大別して、安全配慮義務違反としての債務不履行責任（民法第415条）と、不法行為責任（民法第709条、第715条等）です。
　安全配慮義務違反の主張は基本的には労働契約関係のあることを前提として、その労働契約の内容である使用者の安全配慮義務を尽くしていなかったということで、契約違反となるのです。ただし、判例はその労働者と使用者の間に労働契約関係のない場合であっても、指揮監督関係にある場合には安全配慮義務があることの類推適用（ある事柄についてのルールを別の類似した事柄についても適用すること）を認めています。
　なお、労働契約法第5条を直接の法的根拠として、使用者がその

雇用する労働者に対して安全配慮義務があるという考え方もあるでしょう。

次に、不法行為責任ですが、これは労働契約を前提とせずに、違法な行為によって損害を与えた場合に、加害者が被害者に対して損害を賠償しなければならないという趣旨ですが、以下に述べるようにいくつかの種類があります。

2　不法行為責任の種類

労災事故・職業病に関して責任追及の法的な根拠となる不法行為責任は次の5種類があります。

(1) 一般不法行為責任（民法第709条）

この方法での責任追及は、単独で根拠とする条文として利用されることは少なく、むしろ、(2)の使用者責任（民法第715条）の前提として、直接の加害当事者の責任を追及するということが多くみとめられます。この一般不法行為責任が成立するためには、以下の要件が必要です。

> a　故意または過失により
> b　他人の権利を侵害し
> c　相手方に損害を生じさせ
> d　侵害行為に違法性があり
> e　侵害行為と損害との間に因果関係のあること

(2) 使用者責任 (民法第715条第1項)

　直接の加害当事者ではなく、その直接の加害当事者が雇用されている使用者の業務の遂行の過程で不法行為を行って損害を与えた場合に、被害者に対して、その使用者も合わせて損害賠償を受けるというものです。報償責任、危険責任という法理から導き出されている考え方です。
　この使用者責任が成立するためには、以下の要件が必要です。

> a　被用者（労働者のこと）が、その事業の執行につき第三者に不法行為をなして損害を与えた場合
> b　使用者が被用者の選任および事業の監督につき相当の注意をしなかった場合

　なお、被用者（労働者）と使用者という関係が必要であり、本来は労働契約の存在が必要ですが、ここでも判例は、指揮監督関係があれば、使用者責任を類推適用しています。

(3) 土地の工作物責任 (民法第717条)

　土地の工作物の設置、または保存に瑕疵（本来備えるべき安全性を欠いていること）がある場合で、その瑕疵のために他人に損害を生じさせたときに、一次的にはその工作物の占有者、占有者が損害の発生を防止するのに必要な注意をなした場合には、二次的にはその工作物の所有者が損害賠償責任を負うという構成となっています。
　この土地の工作物という概念は、判例によってかなり緩やかに解されており、据え付けられて移動し得ない工場内の機械、建設用の足場、トンネル、鉄塔、工事中の溝、工事用の道路なども土地の工

作物に当たると解されています。そのため、この責任が認められる可能性はかなり広いといえます。

(4) 注文者の責任（民法第716条但書）

　請負契約の注文者は、請負人に対して仕事の完成を依頼してその対価として報酬を支払うのであり、原則として工事の過程には介入しませんが、その過程に介入して不適切なアドバイスをするなどして事故の発生に関与することがあります。その場合に注文者にも責任が生じることがあります。

　例えば、広島市の新交通システムの橋梁鉄骨の落下事故の労災・公衆災害事故において、工事現場に事務所をおいて監督員を常駐させていた注文者である市の責任が認められています（『広島市新交通システム事件』、広島地裁平成10年3月24日判決）。

　その責任が認められる要件としては、請負人の加害行為が注文者の「注文又は指示による」と認められる場合です。

(5) 運行供用者責任（自賠法第3条）

　自動車を運転する者は、自動車という危険な機械により人身事故による損害を生じさせた場合には、原則として損害賠償責任を負うこととなっています。例外的に次の3点について、加害者（事故を起こした者）が立証できた場合に限り免責することとして、立証責任を転換しています。すなわち、以下の3つの要件をいずれも証明できたときは、加害者は損害賠償義務を免れます。

　a　自己および運転者が自動車の運行に関し注意を怠らなかったこと
　b　被害者または運転手以外の第三者に故意または過失があったこと
　c　自動車に構造上の欠陥または機能の障害がなかったこと

この責任は自動車事故によるものであり、労災事故というイメージはあまりないかもしれませんが、現在、死亡の労災事故の事故態様別の第2位は自動車事故です。さらに、この自賠法の自動車というのは、道路運送車両法により、道路を通行できる建設作業用機械、運搬用機械（クレーン車、ブルドーザー、パワーショベル、フォークリフトなど）も対象になるので、特に建設現場での事故の場合には相当程度、この自賠法第3条が適用されます。

3　会社代表者の責任

　労災事故等の場合には使用者である企業に対して損害賠償請求をするのは当然ですが、ここでは代表者個人の責任について検討します。加害者が大企業であれば、その代表者個人に対して直接の管理責任を問い、損害賠償請求をすることは困難であり、また、大企業であれば代表者個人にあえて請求しなくても、資力も十分であるために、それだけの意義は見出せないところです。

　しかしながら、中小企業であれば、会社の代表者が自ら現場で働いたり、現場を毎日巡視することもあります。その現場には多くの場合には工場長、現場所長等の責任者がいるので、その現場責任者個人に対する責任（民法第709条の不法行為責任）と企業に対する使用者責任（民法第715条第1項）による責任の追及をすることが多いのです。しかし、場合によってはどうしても代表者個人に対して一矢を報いたいと考えたり、または、その企業の資産状態によっては代表者個人の財産を標的にせざるを得ない場合もあります。

　その場合には、民法第709条の不法行為責任を問うほか、民法第715条第2項による代位監督者の責任を問う方法もあります。また、

旧民法の第44条第1項、旧商法第261条第3項、同法第78条の2第2項による責任を問う方法もありました（いずれも改正で条文がなくなっていますが、会社法では第429条第1項、第600条（持ち分会社の場合）等の規定によって代表者の行為によって損害を受けた場合にもその会社に責任を問うことができます）。

4　代表者ではない経営者、管理監督者の責任

　代表者ではない取締役の責任が認められることもあります。『大庄事件』（京都地裁平成22年5月25日判決）は、大衆割烹を全国展開している会社の店舗で調理担当していた労働者が、労働時間が異常に長く入社後4か月後に急性心機能不全で死亡したという事案です。時間外労働は、死亡前1か月間は約103時間、2か月前は約116時間、3か月前は約141時間、4か月前は約88時間でした。判決は雇用主と代表取締役の責任を認めましたが、併せて、管理本部長、店舗本部長、店舗本部支社長らの代表権のない取締役に対しても、「勤務時間を管理すべき部署は管理本部の人事管理部及び店舗本部ということができ、石山駅店については、そのほか、店舗本部である第一支社及びその下部組織もそれにあたるといえる。」と判断して、この取締役3名も「労働者の生命・健康を損なうことがないような体制を構築すべき義務を負っていた」として、会社法第429条第1項に基づいて取締役の賠償責任を認めています。
　もちろん、この取締役3名は、人事労務を行う労働者としての地位を有するとともに、取締役として代表取締役の権限の一部を分掌していたことから責任を問われました。労働者としての地位を有するだけであれば、むやみに責任を問われることはありません。

第5節 高額賠償事例

　労災事故または職業病で、企業に対する損害賠償請求では、かなり高額の事例が増えています。公表された裁判例では、平成22年の『康正産業事件』が未だに最も高額ですが、その他にも高額事例はあります。また、裁判外の和解、または裁判上の和解でも高額な事例があります。

　表1－13の高額判決事例では、この10年くらいのものが多いのですが、その原因としては、賃金が上がったことと、賃金の高い労働者の過労死、過労自殺事件が多いことが影響していると思われます。公刊されている判例集に未だ掲載されていないものにもっと高額の判決がある可能性もあります。
　なお、表1－14の高額和解事例は公表されているものであり、それ以外にも多くの事例があると推察できますし、ここで紹介している事例の多くは裁判外の和解です。
　表1－13、14の趣旨は高額の代表的事例の紹介にあり、これ以外には高額な事例はないということではありません。順番も把握している金額の順位になります。

第5節 高額賠償事例

図表1-13 高額判決事例

	高額判決	判決認容額
1	康正産業事件 鹿児島地裁平成22年2月16日判決	1億8,759万円 　意識不明状態
2	三六木工事件 小田原支部平成6年9月27日判決	1億6,524万円 　1級障害
3	関西医科大学事件 大阪地裁平成14年2月25日判決 大阪高裁平成16年7月15日判決	1億3,532万円 ただし、控訴審8,484万円 　心筋梗塞死
4	いわき市立病院事件 福島地裁平成16年5月18日判決	1億3,228万円 　包丁による失血死
5	肥後銀行事件 熊本地裁平成26年10月17日判決	1億2,776万円 　過労自殺
6	電通事件 東京地裁平成8年3月28日判決 東京高裁平成9年9月26日判決	1億2,588万円 ただし、控訴審は8,911万円 　自殺
7	オタフクソース事件 広島地裁平成12年5月18日判決	1億1,111万円 　自殺
8	大阪府麻酔科医急性心不全事件 大阪地裁平成19年3月30日判決 大阪高裁平成20年3月27日判決	1億0,692万円 ただし、控訴審7,744万円
9	音更町農協事件 釧路地裁帯広支部 平成21年2月2日判決	1億0,398万円 　自殺
10	九州電工事件 福岡地裁平成21年12月2日判決	9,905万円 ただし、3,000万円は上積補償分
11	協成建設事件 札幌地裁平成10年7月16日判決	9,164万円 　自殺
12	スギヤマ薬品事件 名古屋高裁平成20年9月17日判決 名古屋地裁平成19年10月5日判決	8,698万円 ただし、一審は8,298万円 　過労死

	高額判決	判決認容額
13	長野県山岳総合センター事件 長野地裁松本支部平成7年11月21日判決	8,466万円 死亡
14	古見興業事件 東京地裁平成17年11月30日判決	8,323万円 1級障害（下半身麻痺） （過失相殺1割）
15	JFEスチール・JFEシステムズ事件 東京地裁平成20年12月8日判決 東京高裁平成21年10月8日判決	7,942万円 ただし、控訴審は5,199万円
16	米海軍基地アスベスト事件 横浜地裁横須賀支部 平成21年7月6日判決	7,684万円
17	積善会事件 大阪地裁平成19年5月28日判決	7,673万円 自殺
18	東京鍛工所事件 横浜地裁昭和52年2月28日判決	7,595万円 両眼失明、鼻骨欠損
19	山田製作所事件 熊本地裁平成19年1月22日判決 福岡高裁平成19年10月25日判決	7,430万円 控訴審も同額 自殺
20	日本電電・市川海事興業事件 松山地裁昭和60年10月3日判決	7,366万円 1級障害 （過失相殺2割）

図表1−14　高額和解事例

	和解事件名	和解年	和解金額
1	電通事件	平成12年	1億6,800万円
2	第一化成興業A事件	平成2年	1億3,216万円
3	富士石油A事件	平成4年	1億2,000万円
4	川崎製鉄事件	平成12年	1億1,350万円
5	第一化成興業B事件	平成2年	1億0,036万円
6	勝プロ事件	平成元年	1億円
7	富士石油B事件	平成4年	1億円
8	第一化成興業C	平成2年	9,497万円
9	第一化成興業D	平成2年	9,497万円
10	第一化成興業E	平成2年	9,475万円
11	富士石油C事件	平成4年	9,400万円
12	自衛隊郡山駐屯地事件	平成4年	8,250万円
13	サクラダA事件	平成4年	8,000万円
14	サクラダB事件	平成4年	8,000万円
15	サクラダC事件	平成4年	8,000万円
16	サクラダD事件	平成4年	8,000万円
17	第一化成興業F事件	平成2年	7,934万円
18	第一化成興業G事件	平成2年	7,623万円
19	第一化成興業H事件	平成2年	7,170万円
20	浅野組・浅野鉄筋事件	昭和56年	7,000万円

第 2 章

労災・職業病事件の裁判事例

(責任の範囲と所在)

ここでは、これまでに起きた労災事故や職業病の事件に即して、その訴訟事件の実態を紹介します。

第1節 労災事故

> 労災事故は悲惨なものですが、未だに、毎年1,000名近くの方が亡くなっています。死亡事故の状況と、代表的な裁判例を紹介します。

1 労災死亡事故の状況

　労災事故の態様は、まさに千差万別ですが、厚生労働省では毎年統計をとって、事故の型や起因物などでおおまかな分類をしています。

　昭和36年の労災事故による死亡者は6,712名であり、5,000名を切ったのが昭和49年で4,330名、3,000名を切ったのが昭和56年で2,912名、その後、なかなか2,000名を切れず、ようやく切れたのが平成10年の1,884名でした。それ以降は、1,000名台で推移してきましたが、平成27年は972名と統計をとり始めてから初めて1,000名を切りました。その労災による死亡事故が多い業界のトップ3は建設業、製造業、陸上貨物運送業でしたが、就業人口構成の変化もあり、現在は、第三次産業が建設業についで多くなっています。

　また、労災死亡事故の態様については、トップ3は、墜落・転落、交通事故、はさまれ・巻き込まれです。平成27年は、墜落・転落248名、交通事故189名、はさまれ・巻き込まれ128名となっています。

2　事例の紹介

　ここでは、高額判決の労災事故であり、元請のみならず、発注者の責任が認められた事件として、『三六木工事件』、『広島市新交通システム事件』を紹介することにします。

三六木工事件

（横浜地裁小田原支部平成6年9月27日判決）

　立木の売買、製材および木材の加工販売などを行う会社で働いていたトラック運転手が、トラッククレーンを用いてワイヤーロープで束ねたチップ原木（重量約850kg）を積み込み作業中に、玉掛けワイヤーロープの環状部分が解けて、吊っていた原木が落下してその運転手の頭部に当たって、頚椎脱臼骨折となり、下半身不随の車いすの生活を強いられることになったという事案です。

　判決は、会社の責任として、玉掛けに使用してはならない台付用のワイヤーロープを玉掛けに使用し、安全荷重を上回る原木の吊り上げ作業を行わせたため、原木の荷重に耐えきれずにワイヤーロープの編込み部分が解けた結果、本件事故が発生したものであり、安全配慮義務違反（民法第415条）があると判断しました。

　また、会社の代表者の責任としては、本件事故当時、原木の積み込み作業の指揮・監督をしていた者として、会社に安全配慮義務を尽くさせるよう注意すべき義務があるのにそれを怠ったとして不法行為責任（民法第709条）が認められました。

広島市新交通システム事件

(広島地裁平成10年3月24日判決)

　広島市内の新交通システムの建築作業中に架設中のモノレールの橋桁が落下したために、下を運行中であった自動車に乗車中の者や作業中の者などの15名が死亡したという大惨事でした。その被害者の遺族が、元請業者Y１、下請業者Y２、発注者市Y３、発注者国Y４の責任を追及しましたが、Y４の責任は否定されたものの、Y１、Y２およびY３の責任は肯定されました。特に、発注者市Y３の責任を肯定した意義は大きいといえます。

　まず、本件事故の原因ですが、本件橋桁の落下作業において十分な監督能力を持たないY２の事務系職員Cらに任せて、Y１の現場代理人A、現場代理人補佐Bがその場を離れたことです。その間、作業員Dがジャッキ架台を適正に設置せずジャッキヘッドを適切な箇所に当てなかったためにその橋桁が落下したのです。

　まず、Y１の責任ですが、その現場の現場代理人A、同補佐BがCが本件橋桁作業について十分な知識や能力がないことを知りながら自ら指揮監督をしなかったことに過失を認めて使用者責任（民法第715条）を肯定しました。

　さらに、下請Y２の責任としては、その従業員であるCがA、Bよりその作業の監督を任されていたにもかかわらず、作業員Dが適切な作業をしてくれるものと軽信しジャッキ架台の組み方に何らの注意を払わなかったこと等の過失があるので、その使用者責任（民法第715条）があるものと認定しました。

最大の問題は、発注者である市Ｙ３の責任ですが、市は、現場に事務所を設けて監督員を常駐させたり、元請に対して作業過程においても指示をしていたこと等から安全員を常駐させたり、元請に対して作業過程においても指示をしていたこと等から安全管理面においても適切な監督をすべきであったとして具体的には次のように判断しています。

「被告Ｙ３が監督権限を適切に行使し、被告Ｙ１に対し、現場監督の適切な監督の下に作業を進めるべきことを厳重に指導するとともに、転倒防止ワイヤーの取り付け等の安全対策を取るべきことを指示していれば本件事故の発生を未然に防止することができたことは明らかである。」

　被告国Ｙ４の責任は、本件工事についての補助金を支出したにすぎず責任は否定されました。

Point
●元請企業のみならず発注者である市も、現場で安全管理を行っており責任ありとされた。

　直近では、同様の事故として、平成28年５月に、神戸市北区の新名神高速道路工事現場で橋桁が落下して作業員10人が死傷した事故が発生しており、この事故の教訓が生かされるべきであったのではないかと、考えさせられます。

第2節 職業病

　職業病とは、ある業務に就いている労働者が発症する可能性のある特定の疾病のことであり、言い換えると、その業務に内在する危険が発現した疾病ということになります。
　職業病の種類は時代によって変わります。歴史的にみて多かった職業病はじん肺症でしょう。未だに多くの方々がじん肺症で苦しんでいます。アスベストによる被害の一部である石綿肺は、じん肺症の一種です。昨今は第三次産業における腰痛や、長時間労働による過労死、セクハラ、パワハラなどによるうつ病の発症も増えています。

1　業務上の疾病の特定とその状況

　職業病の場合に、まず労災保険の適用があるか否かが問題となりますが、「労基則別表第1の2」は、その災害補償の対象となる業務上の疾病を具体的に下記の通り定め分類しています。
　①　業務上の負傷に起因する疾病
　②　物理的因子による疾病
　③　身体に過度の負担のかかる作業態様に起因する疾病
　④　化学物質等による疾病

⑤ 粉じんを飛散する場所における業務によるじん肺症等
⑥ 細菌、ウイルス等の病原体による疾病
⑦ がん原性物質若しくはがん原性因子または、がん原性工程における業務による疾病
⑧ 長時間労働等の業務による過労死
⑨ 心理的に過度の負担を与える事象を伴う業務による精神障害等
⑩ その他厚生労働大臣の指定する疾病
⑪ その他業務に起因することの明らかな疾病　　など

　業務上疾病（休業4日以上）の発生の状況について、厚生労働省で統計がとられていますが、昭和45年の30,000人台をピークに減少し続け、平成10年以降7〜8,000名台で増減しています。平成27年は7,368名で、負傷を起因とする疾病が5,339人で、業務上疾病全体の約7割を超えており、この中でも災害性腰痛が4,521人で約8割を占めています。
　また、平成27年度の石綿による肺がん・中皮腫の労災保険給付支給決定件数が899名、精神障害の労災支給決定件数が472人、脳・心臓疾患の労災支給決定件数が251人、勤務問題を原因・動機の1つとしている自殺者が約2,200人となっています。こうした疾病の発生状況は、裁判等の状況にも表れています。
　これまで裁判等により争われたことのある職業性難聴、振動障害、頸肩腕症候群、職業性腰痛、じん肺症、中皮腫、脳血管疾患・虚血性心疾患（過労死）、精神疾患（過労自殺）等について、次に紹介します。

2 法的な紛争となった職業病－事例の紹介

(1) 職業性難聴

　造船業、製缶業、金属研磨業等の職場において、反復継続して騒音のばく露を受けると、一時的にとどまらない永久的聴力損失を受けます。事件としては、『三菱重工業神戸造船所事件』が有名です。

三菱重工業神戸造船所事件

(最高裁平成3年4月11日判決)

　長年造船業に従事していた労働者の職業性難聴に対する損害賠償請求事件であり、原告は22名ですが、控訴審判決（大阪高裁昭和63年11月28日判決）では12名については職場騒音との因果関係は認められましたが、残りの10名については因果関係は否定されています。被告企業側の主張のうち、"危険への接近の法理"の主張が一部認められているのは注目できます。すなわち、被告企業は、原告らが造船所が騒音職場であって聴力障害を生じる危険が存し、その損害の発生することを知りながら、就職し、または就労を継続したのだから被告企業には責任がないという主張です。これに対して控訴審判決は、

　「その被害が社会生活に重大な支障をきたす疾病であることを考慮すれば、一審原告らがかかる危険をある程度認識しながら、一審被告又は下請企業に就職したからといって、直ちにその被害を全面的に甘受すべきものとし、不法行為責任に関しては受忍限度内のも

のとして違法性を欠き、債務不履行責任に関しても安全配慮義務違反にならないと解することはできないというべきである。但し、一審原告らが自己の体験に基づき一審被告神戸造船所構内における職場の騒音状況を知り、その騒音ばく露により現実に聴力が低下したことを自覚し、騒音性難聴に罹患する危険のあることを認識しながら、他の就職先を選択して右危険を回避することが容易にできない等特段の事情がないにもかかわらず、敢えて一審被告あるいはその下請企業と雇用契約を締結し、再度又はそれ以上にわたり同被告神戸造船所で就労し、そのために騒音性難聴による被害を被ったときは、具体的事情の如何により、慰謝料の額を定めるについてこれを減額事由として考慮するのが相当である。」

と述べており、例外的ですが責任の減少を認めています。

上告審判決は、結論において、控訴審判決の結論を維持しましたが、主として直接雇用関係のない下請の従業員に対して安全配慮義務を負うか否かの点を判断しています。すなわち、判決は、

「上告人の下請企業の労働者が上告人の神戸造船所で労務を提供するに当たっては、いわゆる社外工として上告人の管理する設備、工具等を用い、事実上上告人の指揮・監督を受けて稼働し、その作業内容も上告人の従業員であるいわゆる本工と殆ど同じであったというのであり、このような事実関係の下においては、上告人は、下請企業の労働者との間に特別な社会的接触の関係に入ったもので、信義則上、右労働者に対して安全配慮義務を負うものであるとした原審の判断は正当である。」

と述べています。

なお、賠償額は、弁護士費用を除外すると、聴力損失のランク等に応じて、50万円、100万円、120万円、150万円、200万円となっています。

> **Point**
> ●労働者が健康障害が生じることを知りながら働き続けた場合、慰謝料減額の理由となることがある。
> ●下請企業の労働者に対しても、元請企業は安全配慮義務を負うことがある。

(2) 振動障害

　建設工事現場、木材の伐採現場のように振動工具を使用する現場において発生しやすい疾病で、症状としては末梢循環障害（血行障害）、末梢神経障害、運動器障害等の障害があります。特に指先が白くなるということで、「白ろう病」として知られています。

　高知営林局の職員が、チェンソーやブッシュクリーナーで白ろう病になったとして国に対して損害賠償を求めた『高知営林局事件』が有名ですが、結論としては、国に対する請求は棄却されました。

高知営林局事件

（最高裁平成2年4月20日判決）

　この事件は、営林署職員が、使用したチェンソー・ブッシュクリーナーにより振動病に罹患したとして、国を被告として提起した安全配慮義務を理由とする損害賠償請求事件の上告審判決です。

　一審判決（高知地裁昭和52年7月28日判決）は国の責任を肯定しましたが、控訴審判決（高松高裁昭和59年9月19日判決）は、「国家公務員災害補償法による補償義務以上に債務不履行責任を負わせな

ければならぬ程の非難を加えるべき違法性」はないと判断し、国の責任を否定する逆転の判決を下しました。

　上告審判決も控訴審判決を維持したのですが、その意図するところは、国の振動病に対する対応が、「その置かれた諸条件のもとにおいて、結果回避のための努力を尽くしていたと認められる」という点にあります。それによると、その時代の医学的知見、工学的な技術水準の下で、結果回避のための努力を尽くしたかどうかによって安全配慮義務違反があるか否かが決定されるということになります。

　ただし、この判決には、一人の裁判官の反対意見が付されております。その内容は、

「振動工具の一種であるチェンソー等を、その安全性ないし安全使用基準についてあらかじめ調査研究をしないままこれを導入したのであるから、導入後チェンソー等の使用により作業員の心身に障害の発生することが予見可能であったときは、速やかにその実態を調査して障害の発生を防止すべき方策を策定する必要がある…それらの調査研究の結果が判明し、もしくは対策が確立する以前においても、チェンソー等の使用を継続する以上は、時間制限を含む使用制限により、とりあえず発症を抑止しもしくは軽減する措置を講ずべき安全配慮義務違反があったものと解される…いかにして社会に有用な機械であっても、これを使用する作業員の心身に及ぼす影響を軽視してよいわけはなく、…チェンソー等が元々使用態様いかんによっては作業員の心身に障害を及ぼす可能性のある振動工具の一種であったのであるから、これを作業員に使用させる以上、障害を及ぼすことのないように常に注意を怠らないことが必要であった。」

というものですが、双方の見解の違いには驚かされます。

　労災事件の安全配慮義務の事件については、通常は反対意見の裁

判官のような考え方をとる場合が多いと思われますが、なぜに最高裁判所がこの事件についてだけ使用者に寛大な判決を下したのか疑問です。

> Point
> ●結果回避のための努力を尽くしたかどうか、その時代の医学的知見、技術的な水準をもって判断される。
> ●ただし、健康障害を及ぼすことが明らかな場合は、何らかの対策を求められる可能性が高い。

(3) 頸肩腕症候群

キーパンチャー、タイピスト、電話交換手など上腕をよく使う職場において発症しやすい疾病であり、後頭部、頸部、肩甲帯、上腕、前腕、手および指等に、こり、しびれ、痛み、不快感の症状が出ると言われています。

有名な事件としては、市営の保育園に勤務していた保母の頸肩腕障害等についての慰謝料の請求を認めた『横浜市保育園事件』、銀行員の頸肩腕症候群の責任を認めた『さくら銀行事件』（東京高裁平成7年5月31日判決）等があります。ここでは、横浜市立保育園事件を紹介します。

横浜市立保育園事件

(最高裁平成9年11月28日判決)

　市営の保育園に勤務していた保母が肩、腕、肘の痛みを訴えて頸肩腕障害として労災認定されて通院治療してきたが、市を被告として安全配慮義務違反として慰謝料を請求しました。

　一審判決(横浜地裁平成元年5月23判決)は一部の請求を認めて市に200万円の賠償を命じましたが、控訴審(東京高裁平成5年1月27日判決)は、業務と発症との**相当因果関係**(社会通念上、Aという行為からBという結果が生じることが相当であると考えられる場合にのみ、法律上の因果関係を認めるとする考え方)を否定して原告の請求を棄却しました。上告審では、原告の業務について、

　「作業ごとに対応は異なるものの、間断なく行われるそれぞれの作業が、精神的緊張を伴い、肉体的疲労度の高いものであり、乳幼児の抱き上げなどで上肢を使用することが多く、不自然な姿勢で他律的に上肢、頸肩腕部等の瞬発的な筋力を要する作業も多いといった態様のものであるから、上肢、頸肩腕部等にかなりの負担のかかる状態で行う作業に当たることは明らかというべきである。」

　と認定して、業務と頸肩腕障害の相当因果関係を肯定しました。

Point
- 保育士の業務と頸肩腕障害の原因と結果の関係について、相当因果関係があると認められた。

(4) 職業性腰痛

不自然な中腰の姿勢で作業を続けなくてはならない業務や、重量物を取り扱う業務について発症しやすい疾病です。

長時間地金類をスコップで投げ入れる作業者に対する責任の認められた『ヤンマージーゼル事件』(神戸地裁尼崎支部昭和60年2月8日判決)、航空機のクリーニングセッティング業務を請け負っていた会社の作業員3名が腰痛症になったとされた『空港グランドサービス事件』等があります。ここでは、空港グランドサービス事件を紹介します。

空港グランドサービス事件

(東京地裁平成3年3月22日判決)

被告Y1から航空機のクリーニング、セッティング業務を請け負っていた被告Y2の従業員原告3名が、腰痛症に罹患したとしてY2、Y1に安全配慮義務に違反しているとして損害賠償を請求した事案です。

判決は、Y1に対する請求は請負契約の注文主の域を出るものではないとして棄却し、Y2に対する請求の一部を認容しました。機内クリーニング作業は、狭い場所で中腰など無理な姿勢を強いられ、背部、腰部に負担がかかり、勤務態勢も2日連続夜勤を含む交替制であって疲労が抜けにくい状況にありました。判決は、

「原告ら3名のうち2名については、その体質的素因という腰痛の発症ないし継続に競合する原因があったかもしれないけれども、原告ら全員につき、その有力な原因は、被告Y2の業務にあったと

認めるのが相当であり、したがって、原告らの疾病と業務との間に相当因果関係があると認めるのが相当である。」

と因果関係を肯定し、さらにＹ２の責任の点について、

「以上のとおり、嘱託医の指示した作業内容に見合う作業内容が存在しない場合に、嘱託医に問い合わせるなどしてその指示する作業内容に見合う作業を特定すべきであった点、就労能力の制限を受けている被用者が通常の機内クリーニング作業に従事しているのを漫然と放置した点及び嘱託員の勤務時間変更あるいは就労能力低下の指示に直ちに従うべきであったとすべき点において、被告Ｙ２は、嘱託医による診断結果が確実に被用者の就労、勤務形態及び勤務時間に反映されるよう適切な措置をとるべき義務があるのにこれを怠ったということができるのであって、被用者に対する安全配慮義務の履行に違反があったということは否定できない。」

として雇用主であるＹ２の責任を認めました。

また、原告らの過失として、使用者であるＹ２の診察を受ける指示を拒否したことで、Ｙ２が安全配慮義務を尽くすべき過程を自らの意思により退けられた点を考慮して損害額の２割を減額しました。

> Point
> ● 労働者に腰痛の体質的素因があったとしても、業務が有力な要因であれば、相当因果関係があると認められる。
> ● 事業者には、産業医の診断結果を反映し、労働者の就労、勤務形態および勤務時間に適切な措置をとるべき義務がある。
> ● 事業者の受診指示を労働者が拒否した場合、適切な健康管理が行えなかったとして、損害額が減額されることがある。

(5) じん肺症

　金属鉱山、石炭鉱山、建設のトンネル工事などで発生する粉じんを長期間吸引することにより発生しやすい病気で、その粉じんが肺の内部で線維増殖変化を起こし、せき、たん、呼吸困難などの症状を伴う疾病を言います。

　事件としては、『長崎じん肺（北松）事件』（最高裁平成6年2月22日判決、『筑豊じん肺事件』（最高裁平成16年4月27日判決）などが有名です。その他に、トンネルじん肺訴訟が平成2年頃から継続して提起されてきました。

　最近の判決として『三井金属鉱山事件』があり、ここで紹介します。

三井金属鉱山（神岡鉱山じん肺）事件

（岐阜地裁平成26年6月27日判決、名古屋高裁平成28年1月21日判決）

　被告とされる2社は鉱山を所有管理していた会社であり、原告作業員らはその会社の社員か、または、その会社から開発を請け負った業者の従業員らです。

　第1次訴訟では作業員ベースで20名、第2次訴訟では作業員ベースで12名であり、5名が訴訟係属中に亡くなって9名の遺族がおり、合計36名が原告になっています。32名の作業員らは、神岡鉱山の作業に従事したためにじん肺症に罹患したとして鉱山を所有管理していた2社を被告として安全配慮義務違反を理由に損害賠償請求訴訟を提起したのです。

　まず、判決はじん肺症防止の予見可能性について、「内務省労働局は、工場法における業務上の疾病の取扱いにつき、昭和11年に

珪酸を含む粉じんを発散させる作業に従事してけい肺に罹患した場合を業務に起因する疾病として取り扱うこと」としたこと、鉱山の所有会社においても「昭和23年から昭和29年にかけて、労働組合との間でけい肺を業務上の疾病として扱い、けい肺対策を講じる旨の交渉をしてきたことが認められたこと」から戦前から予見可能性があったと認定しています。

その上で、安全配慮義務の具体的な内容としては、次の3つを挙げています。
（1）作業環境の管理に関する義務
　ア　各作業における粉じんの発生・飛散防止
　　（ア）湿式さく岩機・大型重機の導入によって作業の湿式化、粉じん発生源からの遠隔化等を図ること。
　　（イ）粉じん発生源に対する散水あるいは噴霧等を行うこと。
　　（ウ）適切な通気、換気を確保すること、あるいは集じん装置等を設置すること。
　イ　粉じんの有無・濃度の定期的測定、当該作業環境の状態の評価
（2）作業条件の管理に関する安全配慮義務
　ア　粉じんから隔離した休憩所の設置、能率給などの刺激的賃金体系の見直し等を行って、休憩時間を確保して粉じんにさらされる時間の短縮の措置を図ること。
　イ　防じんマスクの支給を行い、その適切な使用法を指導監督すること。
（3）健康管理に関する安全配慮義務
　ア　定期的・計画的な安全衛生教育の実施により作業員の意識向上を図ること。
　イ　罹患者を早期に配置転換し、療養の機会を保障すること。

その上で、被告2社の責任について、作業環境の管理、作業条件の管理、従業員の健康の管理のいずれの面においても、

「時代の進展に併せて、一定の粉じん対策を講じてきたことは認められるものの、それぞれの問題点も認められ、総体として不十分であったものといえる」

として安全配慮義務違反があったと認めています。また、この事例でも、元請会社の下請会社の労働者への安全配慮義務を認めています。

控訴審判決は、各労働者のじん肺症の罹患の有無と症状の重さを検討して、若干変更をしましたが、責任論においては一審判決をそのまま維持しています。

Point
●一定の粉じん対策を講じてきたことは認められるものの、総体として安全衛生管理が不十分であったと判断された。

法律では**除斥期間**という、ある特定の権利について法律が定める存続期間というものがあります。不法行為に基づく損害賠償請求権については、加害行為から20年となっており（民法第724条後段）、その期間が経過すると権利は主張できなくなります。

じん肺のように一定の潜伏期間が経過した後に症状が現れる場合、どこを起算点とするかについて、『筑豊じん肺事件』では、「損害の全部又は一部が発生した時が起算点である」としています。具体的には、じん肺法が定める管理区分の最終の行政上の決定を受けた時、死亡については、別の災害であるという立場をとり、死亡の時から起算すると判断されています。

有害物質等のばく露により、疾病を発症した場合、除斥期間の起算点は、「**疾病が判明したとき**」となると考えられます。

(6) アスベスト(石綿)

アスベスト問題は実は古くからその有害性は指摘されていたのですが、平成17年の「クボタ」旧神崎工場の事件から社会的に注目を浴びるようになりました。アスベストが原因とみられる中皮腫などで旧神崎工場の従業員ら75人が死亡、周辺住民も中皮腫を発症し、一般市民にも健康被害を及ぼす社会問題となったのです。

アスベストの粉じんにばく露した場合に、肺がん、悪性中皮腫、石綿肺等に罹患するという障害が出ます。最近は、全国で、国、アスベストメーカー、アスベストの混じった建材のメーカーを相手にした大型訴訟が提起されています。ここでは、ホテルのボイラーを担当していた労働者が悪性中皮腫にかかり死亡したという『札幌国際観光事件』と電設工事会社の労働者が悪性中皮腫に罹患した『中央電設事件』を紹介します。

札幌国際観光事件

(札幌地裁平成19年3月2日判決、札幌高裁平成20年8月29日判決)

亡Aは、被告Y社に昭和39年に採用され、昭和60年に退職しましたが、その間、Y社の経営するホテルのボイラー担当として、機械室や10階天井裏で勤務していました。退職後、平成13年に悪性胸膜中皮腫を発症し、同年9月に労災保険の認定を受けましたが、平成14年4月に死亡しました。原告の妻X1と子X2が被告Y社を相手

取って安全配慮義務違反として損害賠償請求訴訟を提起しました。
　一審判決は、中皮腫との因果関係が認められるのは昭和60年頃までの作業環境であり、そのころまでの間は、Y社の予見可能性はなかったという理由で請求を棄却しました。
　その控訴審判決は、亡Aの本件ホテルにおける石綿ばく露歴から業務と悪性胸膜中皮腫との因果関係を肯定し、詳細に法令の変遷を観察して、労基法下の特化則、安衛法、さらにはじん肺法の規制を検討の上で、少なくともじん肺法の施行された昭和35年には、石綿含有製品の切断等の作業から石綿肺等の危険があることを予見できたはずであると判断しました。その上で、Y社は、特化則および後に制定された安衛法その他の関係法令上、石綿含有製品を取り扱う作業に当たる労働者に対して、法令上要求される措置（局所排気装置による排気、呼吸用保護具の使用、湿潤化、立入禁止措置、健康診断等従業員の健康管理）を講じていたと認めるに足りる根拠はないとして、安全配慮義務違反を認めました。

> Point
> ●当時のアスベストの危険性について、昭和35年から予見可能だったとされた事案。約20年前に退職した労働者から、訴訟を提起されている。

中央電設事件

（大阪地裁平成26年2月7日判決）

　亡Aは、昭和37年に電気設備工事を営むY社に入社し、昭和43年にはY社の下請会社でB社社員として、昭和49年にY社の下請会社C

社を自ら設立して、Y社の電気設備工事に従事していましたが、平成16年7月に悪性胸膜中皮腫を発症し、平成18年10月に死亡したという事案です。電気設備工事により石綿粉じんにばく露して中皮腫を発症したとして、Y社に対して安全配慮義務違反による損害賠償請求訴訟を提起しました。

判決は、亡Aは、Y社の従業員であった期間のみならず、B社の従業員またはC社の経営者であった期間においても、Y社との間に支配従属関係があったと認められ、その期間を通して、Y社は亡Aに対して安全配慮義務を負っていたというべきであるとして全ての賠償責任を認めました。

まず、判決はY社の予見可能性について次のように述べています。
「土木建設作業従事者において、昭和37年頃にはじん肺有所見者が継続して高い率で現れていたこと、電気工が従事する建築工事現場においても石綿製品が使用されることが多く、同所における作業中には石綿を含む粉じんが飛散することによって従業員らがこれを吸入することを想定できたと考えられることに照らせば、電気設備工事を担う会社として土木建築業に携わるY社においても、遅くとも昭和37年頃までには、石綿を含む粉じんが人の生命、身体に重大な障害を与える危険性があることを十分に認識できまた認識すべきであったと認められる。」

さらに、Y社が負うべき安全配慮義務の内容ですが、呼吸用保護具の使用、石綿を含む粉じんの危険性についての教育、健康診断等従業員の健康管理のほか、以下のように述べています。
「昭和47年頃からは、作業を行う建築工事現場において、石綿粉じんが発生する可能性が高い区域には立ち入らないよう作業員に周知し、また、作業に際して発生する石綿粉じんの量を減らすための対策を講じるなど、可能な限り作業員が石綿粉じんに接触する機会

を減少するようにすべきであったというべきである。」
　その上で、判決は、Y社が、少なくとも昭和37年から昭和63年頃までの間、亡Aに対して負っていた安全配慮義務に違反しており、同期間内に従事したY社の工事によって亡Aが石綿粉じんにばく露したことが認められる以上、亡Aの中皮腫罹患とY社の安全配慮義務違反には相当因果関係が認められると判断しました。

> Point
> ●支配従属関係が認められる場合には、下請企業の経営者に対しても、元請企業は安全配慮義務を負うことがある。

(7) 過労死問題

　過労死問題は昭和60年頃から次第に注目されてきました。未だに「過労死」という法律用語、行政用語、医学用語はなく、マスコミが作り出した言葉ですが、そのまま社会的には定着しました。行政用語としては、「脳血管疾患・虚血性心疾患」といいます。元々過労死の事件は、当初は企業責任を追及するというよりは、労災保険の業務上の認定を得るための活動が中心でしたが、平成に入った頃から続々と企業責任を追及するための提訴が行われるようになりました。
　その理由としては、労災保険の業務上外認定手続きでなかなか業務上の認定が得られない理由として企業が手続きに非協力的であるということがあり、そのため、労働者（遺族）側としても、企業の責任をただす必要があると考えたということが挙げられています。そのような状況下で、労災保険の業務上外の認定基準も次第に緩や

かになってきたのです。そして並行して、勤務していた企業に対する安全配慮義務に基づく損害賠償請求訴訟も増えました。

　ここでは、『システムコンサルタント事件』と『康正事件』を紹介します。

システムコンサルタント事件

（東京地裁平成10年3月19日判決、東京高裁平成11年7月28日判決）

　コンピューターのシステムエンジニアが脳幹部出血により死亡した事件です。遺族が勤務先である企業に対して損害賠償請求をし、認められました。被災者本人は、入社時から一貫して高血圧であり、毎年の健康診断でも所見が出ていましたが、医者にも行かない状況でした。被災者は、プロジェクトリーダーとしての地位にあり、平均して年間3,000時間を超える長時間労働を行っていたのです。

　一審判決は、この長時間労働によって慢性的に疲労していたとして、長時間労働と脳幹部出血との因果関係を肯定しました。

　判決は、本人の本態性高血圧という基礎疾病・素因と業務との関係についてどのように理解すべきかとの点について、**共働原因説**を採用しました。共働原因説とは、業務がその他の原因とともに発症をもたらしたと判断できる場合には、業務と相当因果関係を認めるものです。そして、安全配慮義務の内容として次のような義務を認定しました。

　「…その具体的内容としては、労働時間、休憩時間、休日、休憩場所等についての適正な労働条件を確保し、さらに、健康診断を実施したうえ、労働者の年齢、健康状態等に応じて従事する作業時間及び内容の軽減、就労場所の変更等適切な措置を採るべき義務を負

うべきである。」「持続的な精神的緊張を伴う過重な勤務に就かせないようにするとか、業務を軽減するなどの配慮をするべき義務があるというべきである。」

そして、被災者本人の過失相殺・素因減額をあわせて50％としました。

控訴審判決は、結論としては一審判決を維持しましたが、被告会社側からの「労働者が高血圧であるからといって、労働者の申出の有無に関係なく直ちに配置転換などの業務軽減措置を採ることは、必要以上に高血圧患者からの就労の途を奪うことになり相当ではなく、労働者からの業務申出があった場合に精密検査結果や医師の意見を踏まえて、はじめて配置転換等の業務軽減措置を採るべきである」との主張に対して、判決は、

「使用者は、すべての高血圧の労働者について、その症状の軽重や本人の申出の有無、医師の指示の有無にかかわらず、一律に就労制限を行い、他の健康な労働者に比較して就労内容及び時間を軽減すべき義務を負うとまでいうことはできない。…少なくとも、使用者は、高血圧が要治療状態に至っていることが明らかな労働者については、…健康な労働者よりも就労内容及び時間が過重であり、かつ、高血圧を増悪させ、脳出血等の致命的な合併症を発症させる可能性のあるような精神的及び肉体的負担を伴う業務に就かせてはならない義務を負う」

と述べています。

そして、労働者本人からの愁訴や産業医の指示がなくとも、業務軽減措置をとる義務があると確認しています。

遺族側、会社側のいずれも上告・上告受理申立をしましたが、結局、上告棄却、上告申立不受理で高裁判決が確定しました。

> Point
> - 本人の基礎疾患と業務が共に原因となって発症した場合にも責任が問われる。
> - 高血圧の労働者から申し出や産業医の指示がなくても、業務軽減措置などをとらなくては、責任を問われる場合がある。

康正事件

(鹿児島地裁平成22年2月16日判決)

　被告Y社は、飲食のチェーン店であり、原告X1はその支配人で、原告X2、X3はその両親です。原告X1は平成13年6月からY社に勤務し、平成15年9月からZ支店の支店長をしていましたが、平成16年11月10日に自宅就寝中に心室細動を発症して低酸素脳症になりました。その後も寝たきりで意識不明の状態で、成年後見が開始されています。原告X1の勤務は長時間労働で休日もなく、疲労困憊した結果発症したとして、X1～X3が、Y社を相手に損害賠償請求訴訟を提起しました。

　判決は、原告X1の勤務実態について、その業務の量と質の過重性を認定しました。特に、その量的過重性は以下のとおりで、「長時間労働の疲労を回復させるのに十分な休息をとれていたとは到底言い難い。」と認定しました。

・発症前原告X1の6か月の労働時間
　　発症前1か月：344時間15分（時間外176時間15分）
　　発症前2～6か月：月平均368時間30分（時間外月平均200時間30分）
・午前10時頃に出勤して夜中まで仕事

・丸1日の休日は平成16年4月20日で、その後203日間連続出勤

その上で、判決は、被告Y社の安全配慮義務違反につき、

「Y社は、X1の勤怠記録が実際の労働時間を反映しておらず、勤怠記録に現れている以上の長時間労働が存在していることを認識し又は容易に認識し得たにもかかわらず、長時間労働の実態を正確に把握しようともせず、勤怠記録による労務管理を継続していた。また、Z店が人手不足であること及びX1の労働が過重なものとなっていることを知りながら、人員補充要請にいたってもなお、Z店に十分な数の正社員を配置することなく人手不足の状態で店舗を運営させた。これらの事実はX1の時間外労働に対して何らのコスト負担も感じないY社が、X1の過酷な労働環境に対して、見て見ぬふりをし、これを漫然と放置したということを意味するものであって、Y社に安全配慮義務違反があったことは明らかである。」

とし、安全配慮義務違反を認定しました。

しかし、他方で、X1の健康管理の不備があることを過失相殺として認定し2割の減額をしました。それでも判決は高額であり、賠償額は実に1億8,759万円で、おそらくは判決で認定された労災事件としては史上最高額であると思われます。

> Point
>
> ●長時間労働の実態を正確に把握しようとせず、人手不足の状態を放置した場合、安全配慮義務違反の責任を問われる。

なお、そのほかに理学療法士である職員が、院内の学術大会の準備を自宅で連日行っていたところ、急性心機能不全で死亡したという事案において（『医療法人社団明芳会事件』東京地裁平成26年3月

26日判決)、自宅における準備作業について業務性が否定されました。
　勤務終了後や休日に仕事を持ち帰る労働者も多いと思われますが、使用者の指示がない限り、業務とは認められないものと考えます。

(8) うつ等による過労自殺・精神疾患

　過労自殺については、過労のためにうつ病などの精神疾患に罹患し、さらに自殺にまで追い込まれたという場合に、労災保険の業務上と言えるか否か、さらに、その場合には企業に対する損害賠償請求ができるかということが問題になります。過労自殺については、労災保険の業務上外認定よりも企業に対する損害賠償請求の方が先んじました。すなわち、後述の電通事件の一審判決が平成8年、控訴審判決が平成9年であり、その控訴審判決を受けて同事件の労災の業務上の決定がなされたのです。
　そして、その後、次第に労災の業務上の判断を求めた行政訴訟や企業に対する損害賠償請求が提訴され、遺族側の請求の多くは認容されていました。ところが、その後は企業に対する損害賠償請求が棄却されることもしばしば見られるようになりました。
　ここでは、電通事件の最高裁判決、曽於市教員自殺事件を紹介します。

電通事件

（最高裁平成12年3月24日判決）

　この事件は、大手広告代理店のラジオ関係部署に配属された入社2年目の社員が、長時間労働のためにうつ病になり自殺に追い込ま

れたという事案で、控訴審判決(東京高裁平成9年9月26日判決)は、被告Y社の安全配慮義務違反を認めたものの、社員亡Aのうつ病親和性などの点が自殺につながったとして、過失相殺の規定を類推して損害額の30％を減額しました。原告・被告双方から上告されましたが、最高裁は、損害額の減額について、次のように判示しました。
「…企業等に雇用される労働者の性格が多様なものであることはいうまでもないところ、ある企業に従事する特定の労働者の性格が同種の業務に従事する労働者の個性の多様さとして通常想定される範囲を外れるものでない限り、その性格及びそれに基づく業務遂行の態様等が業務の過重性に起因して当該労働者に生じた損害の発生又は拡大に寄与したとしても、そのような事態は使用者として予想すべきものということができる。しかも、使用者又はこれに代わって労働者に対し業務上の指揮監督を行う者は、各労働者がその従事する業務に適するか否かを判断して、その配置先、遂行すべき業務の内容等を定めるのであり、その際に、各労働者の性格も考慮することができるのである。

したがって、労働者の性格が前記の範囲を外れるものではない場合には、裁判所は業務の負担が過重であることを原因とする損害賠償請求において使用者の賠償すべき額を決定するに当たり、その性格及びこれに基づく業務遂行の態様等を、心因的要因として斟酌することはできない。」

さらに、その原告である亡Aの両親について、自殺を予見できたのではないか、その防止策を採らなかったということを過失として考慮できないかという点については最高裁は、減額の対象とした控訴審判決を破棄して、亡Aが大学を卒業して従業員となり独立の社会人となった以上、同居していたとしても勤務状況を改善する措置を採り得る立場にあったとは言えないと判断しました。

高裁の判決は破棄されて差し戻され、高裁で和解が成立しましたが、和解金は1億6,800万円と高額になっています。

> Point
> ●労働者が、まじめ、几帳面、といったうつ病親和性のある性格であったとしても、個性の多様さとして通常想定される範囲であれば、賠償額を減ずる理由にはならない。

曽於市教員自殺事件

(鹿児島地裁平成26年3月12日判決)

亡Aは、市立中学校で、音楽科と家庭科の授業を担当しましたが、平成16年12月に医師からストレス反応の診断を受け、3か月間、病気休暇を取得しました。復職後は、音楽科、家庭科に加えて、第1、第2学年の国語科の授業を担当していたところ、教師としての指導力不足のレッテルを貼られ、ごく少人数の指導力向上特別研修を受講するように言われました。その際に、教員退職を促すかのような発言を受け、平成19年10月に自殺しました。亡Aの父母が、市と県に対して、安全配慮義務違反の債務不履行責任、または国賠法第1条第1項または第1条第3項により損害賠償請求訴訟を提起したという事案です。

復職後、亡Aの精神疾患が治癒したという状況にはないのであるから、特別研修の受講指示については、主治医や産業医の意見を聴くべきであったと思われます。判決は、平成17年以降の校長、教頭、県教育委員会、指導官等の一連の各行為が亡Aに対して心理的な負

荷の大きい影響を与えており、これが、亡Aの精神疾患を増悪させる危険性の高い行為であったと認めることができると認定して、「亡Aはかかる行為の影響により、正常な判断ができない状態で自殺したものとみるのが相当であり、それらの行為と亡Aの精神疾患の増悪と自殺の間に相当因果関係があるとみるのが相当である。」とその責任を認めています。

他方で、亡Aの、素因減額3割、過失相殺2割で5割の責任が認められています。その理由として、亡Aが、平成11年にも精神疾患に罹患しているほか、対人関係でストレスをためやすい傾向があること、平成17年3月、校長が病気休暇の延長をすすめたが、合理的な判断をすることができる判断能力が当時あったにもかかわらず、これを断っており、その後も病気休暇を取得するなど自己の健康を保持するための行動をとっていないことが挙げられています。

> Point
> ●精神疾患の罹患や、ストレスをためやすい性格が労働者の個性の多様さとして通常想定される範囲を逸脱していたり、自己の健康を守る行動をとっていない場合、賠償額の減額、過失相殺の理由となることがある。

(9) 化学物質にかかる健康障害

我々は、日常生活において何万種類、何百万種類の化学物質を使用しているといわれています。ところが、その化学物質の中には人間にとって有害なものも多くあり、その有害性については、使用者が十分に気を配り、有害でないものを使う、有害なものを使用する

場合には接触や吸入を防止するように対策をとる必要があります。

　有害な化学物質か否かを判別することは、現代の科学的知見によっても容易ではないこともありますが、使用者とすれば安全性の確認できるものしか用いないという姿勢で臨むべきです。

　最近も印刷業従事者に発生した1,2-ジクロロプロパン、ジクロロメタンを原因とすると考えられる胆管がんや、福井県内の化学工場でオルト－トルイジン等を原因とすると考えられる膀胱がん等の問題が発生しました。

　ここでは、トルエン、ヘキサン等の有機溶剤を含有するゴム糊を使用する作業に従事して、有機溶剤にばく露して有機溶剤中毒に罹患したとされた『内外ゴム株式会社』事件、その他に化学物質に関連する裁判例として、『慶應義塾事件』を紹介します。

内外ゴム株式会社事件

（神戸地裁平成2年12月27日判決）

　原告は、約7年間トルエン、ヘキサン等の有機溶剤を含有するゴム糊を使用する作業に従事して、その間、高濃度の有機溶剤にばく露して有機溶剤中毒に罹患したとして、安全配慮義務違反を理由として勤務先会社に損害賠償請求をした事案です。

　その症状とは、吐き気、頭痛、眼の刺激痛、皮膚の異常乾燥などに悩まされ、その後、咳、のどの痛み、食欲不振、視力低下、耳閉感等が出てきました。

　判決は、被告会社は、安衛法、安衛則、有機溶剤中毒予防規則等に定める義務、具体的には次の①～⑥の義務を負い、それらに違反したとして安全配慮義務に違反すると判示しました。

① 作業場に所定規模・機能を持った局所排気装置を設置すべきであった。
② 呼吸用保護具、保護手袋等適切な保護具を備えるべきであった。
③ 有機溶剤の特性・毒性・有機溶剤中毒の予防に関し、安全衛生教育を実施すべきであった。
④ 適切な特殊健康診断を実施すべきであった。
⑤ 必要な作業環境測定を行い、その結果を記録しておくべきであった。
⑥ 有機溶剤の人体に及ぼす作用、その取扱い上の注意事項、これによる中毒が発生したときの応急措置等を作業中の労働者が容易に知ることができるよう、見やすい場所に掲示すべきであった。

Point
●法定の安全衛生対策の実施、実行は必須である。

慶應義塾事件

（東京地裁平成21年3月27日判決、東京高裁平成24年10月18日判決）

　原告Xは、被告Y大学に1年間の有期雇用の助手として採用されていました（契約更新3年限度）が、勤務していた部署が新たに建築された仮設棟に移転したところ、ホルマリン等の化学物質にばく露して、間もなく体調不良となったため、移転後約1か月で出勤で

きなくなり、約3か月後に退職届を提出しました。
　その後、Xは、体調不良の原因は、仮設棟一室での勤務により、シックハウス症候群、または、多種化学物質過敏状態に罹患したためであると考えるようになり、退職の意思表示は私傷病と考えたのであるから、それが業務上の疾病だとしたら錯誤無効であるので、雇用関係の確認を求めるとともに、シックハウス症候群、化学物質過敏症に罹患したのは、Yの雇用契約に基づく安全配慮義務違反であるとして医療費と500万円の慰謝料請求をしました。
　一審判決は、Xの疾病は業務上の疾病ではないので退職の意思表示は有効であるとした上で、シックハウス症候群等に罹患したことの慰謝料として200万円の限度で請求を認容しました。
　控訴審では、退職の意思表示は、錯誤無効であるが雇用契約期間が満了しているので従業員としての地位の確認は認めませんでした。さらに、シックハウス症候群の罹患について一審判決を肯定し、発症の原因を、空気中の高濃度のホルムアルデヒド等の化学物質によるものとし、次のように判断して、診療費約14万円、慰謝料を390万円、弁護士費用40万円と大幅に増額しました。なお、この事件では、Xのほかに、体調不良を訴えるものが相次ぎ、長期休業となった職員もいました。
　「Yは、Xに対して仮設棟Aの1階101号室を勤務場所として指定したのであるから、当該勤務場所及びXが勤務するに当たって通行し、出入りする場所に化学物質過敏状態を発症させるような濃度及び量の揮発性有機化合物等の化学物質が存在しないように配慮すべき義務を負うにもかかわらず、この義務に違反し、その結果、Xに化学物質過敏状態が発症し、これに伴う中枢性眼球運動障害、自律神経機能障害が生じたものというべきである。」
　なお、職域におけるシックハウス症候群の対応については、「職

域における屋内空気中のホルムアルデヒド濃度低減のためのガイドライン」（厚生労働省平成14年3月15日付け基発第0315002号）が出されています。

ガイドラインでは、職域における屋内空気中のホルムアルデヒドの濃度を0.08ppm以下とするため、屋内空気中の濃度の測定、換気等の濃度低減のための措置、就業場所の変更等の必要な措置、相談支援体制の活用、を講ずることとしています。

建物の新築、改装の際には、行政のガイドラインに沿った対応を行い、労働者の健康状態の変化に十分配慮する必要があると考えられます。

3　その他の損害賠償請求訴訟の事例

(1) 受動喫煙

受動喫煙の防止対策については、法律上は健康増進法第25条で定められていますが、平成22年2月25日付で、「受動喫煙防止対策について」という厚生労働省健康局長通達が出され、一段とその防止策は進められることになりました。また、その行政の動きを受けて、神奈川県では受動喫煙防止条例（罰則付）が平成22年4月から施行され、その他の地域でも飲食店やホテル等でも全面禁煙に切り替える業者が出ています。

さらに平成26年の安衛法改正（平成27年6月1日施行）では、受動喫煙を防止するために、事業者および事業場の実情に応じ適切な措置を講ずることとしましたが、それを事業者の努力義務とするに

とどめました。受動喫煙に取り組む事業者に対し、国は、受動喫煙のための設備の設置の促進等の必要な援助に努めることとされています。

① 喫煙の有害性

　喫煙の健康影響については、万人が認めているところです。まず、肺については、急性症状と慢性症状があり、急性症状としては、咳痰などの呼吸器障害、呼吸機能障害があり、慢性症状では、肺気腫、慢性気管支炎、肺がん等が指摘されています。次に、肺疾患以外でも、急性症状として心臓などの循環器疾患、血管内皮細胞の障害や血栓形成促進の作用が認められ冠状動脈疾患の遠因となるといわれています。

　主体的に喫煙する喫煙者は、それは法や企業が関与するところではないでしょうが、その喫煙者の周囲におり受動的に副流煙にばく露する受動喫煙者については、自らの意思に基づかずにばく露することにより一定の健康被害を受ける可能性があり、受動喫煙をどのように規制するかはすでに重大な問題となっています。

　ところで、副流煙がなぜ有害かということですが、「受動喫煙防止対策のあり方に関する検討会報告書」（厚生労働省健康局、平成21年3月）によると、その副流煙の煙中には、ニコチン、一酸化炭素や、発がん性がある化学物質のベンゾピレン、ニトロソアミン等も含まれているとされており、その意味で、喫煙、受動喫煙の有害性は医学的にかなり解明されています。そのため喫煙者にとっては、自らの健康を自分で守るべき動機は明確になっているし、企業にとっては、抽象的に言えば、受動喫煙によって労働者の健康が害されることのないように配慮すべき義務があるといえます。

② 喫煙権と嫌煙権

　そもそも喫煙することは権利かという漠然とした疑問があります。喫煙者からは、喫煙する権利は、憲法第13条の保障する「幸福追求権」で保障されていると主張されたことがあり、被拘禁者の喫煙する権利が憲法上の幸福追求権として肯定されたことがあります（最高裁大法廷昭和45年9月16日判決）。他方で、喫煙者以外の者の副流煙を吸わない権利（この権利をかつては「嫌煙権」と呼ぶことが一般的でしたが、最近はあまりこの用語は使われなくなってきたようです。ただし、ここでは「嫌煙権」という用語を用いることにします）も、幸福追求権（憲法第13条）、健康権（憲法第25条）で保障されていると主張されてきました。

　かつての嫌煙権訴訟で、行政や公共交通機関の経営企業に対して、事業場や車両を禁煙措置にすることを求める訴えがなされてきましたが、結果はいずれも排斥されてきました。

　未だに行政や企業に対して禁煙措置の設置を命じた判決はありません。

　ただし、JR西日本事件（大阪地裁平成16年12月22日判決）の判決は、努力義務とはいえ、禁煙措置等の作為義務もあり得ることを判示しているので参考になります。この事件は、車掌等の業務についている職員が各駅の詰め所等の施設について禁煙または分煙の措置をとっていないために、人格権に基づく妨害排除請求権により各施設内を禁煙にすることを求めた事案です。

　判決は、結論は否定して原告らの請求を棄却しましたが、受動喫煙を防止するための必要な措置を講ずるよう努めるべきとして、努力義務であるものの、使用者の義務を認定していることは注目できるのです。

③受動喫煙に対する安全配慮義務

　受動喫煙については、職場で職務を遂行する過程において、他の労働者や客などの第三者から副流煙をばく露した場合に、それを防止するべき責任が、使用者にあるといえるのか、未だに明確な状況とはいえないところです。受動喫煙によって疾病に罹患し、または、精神的苦痛を受けたとして、安全配慮義務違反を理由にして損害賠償請求をした事案は、まだ多くはありません。

　次に、労働者が、職場における受動喫煙により健康被害を受けたとして、使用者に損害賠償請求を認めた事件として『江戸川区役所事件』があり、紹介します。

江戸川区役所事件

（東京地裁平成16年7月12日判決）

　区役所の職員が受動喫煙のために、鼻腔、咽頭等に症状が出たと訴え、受動喫煙を回避する措置を求めたのに対し、区役所がその措置をとらなかった期間中の職員の精神的、肉体的損害に対する慰謝料として金5万円の賠償を認めました。

　職場において他の喫煙を受けたために慢性副鼻腔炎、急性増悪症、慢性喉頭炎に罹患したと主張しましたが、その因果関係を示す診断はなく、そのため本人は自席に卓上の空気清浄機を置く等の自衛措置を講じる一方、区の公共施設の禁煙化および分煙化の推進の請願を行ったが（その結果として、区の対策が進められることになった）、本人の症状が悪化したので医療費および慰謝料の支払いを求めたのです。判決は、以下のように判示しました。

> 「原告が、平成8年1月12日に、A課長に対し、原告について受動喫煙による急性障害が疑われ、症状等により、今後、同様の環境下では健康状態の悪化が予想されるので、非喫煙環境下での就業が望まれることなどが記載された医師の診断書を示し、配慮を求めたのであるから、被告は、受動喫煙による急性障害が疑われる原告を受動喫煙環境下に置くことによりその健康状態の悪化を招くことがないように速やかに必要な措置を講ずるべきであったにもかかわらず、同年4月1日に原告をその希望に沿って異動させるまでの間、原告において目の痛み、のどの痛み、頭痛等が継続していたというのであり、かかる義務違反の態様に加え、これにより原告の被った精神的肉体的苦痛の内容、程度、期間等本件に顕れた諸般の事情をかんがみれば、原告に対する慰謝料の金額としては5万円をもって相当と認める。」

(2) 健康管理と健康診断

　最近は、過労死、過労自殺・精神疾患等、労働者本人の健康に関連して、使用者の安全配慮義務が主張されることが多いと言えます。それとの関係で、安衛法が定める法定の健康診断、法定外の健康診断に関係して安全配慮義務違反等として損害賠償請求されることが増えてきました。

① 労働契約と健康管理・自己保健義務

　最近は企業の健康管理責任が強調されるあまり、労働者の自己保健義務が忘れ去られる傾向にあります。かなり前ですが、労働者の自己保健義務の存在を前提としている裁判例もあります。

> # 川西港運事件
> (神戸地裁昭和58年10月21日判決、大阪高裁昭和59年10月19日判決)
>
> 　高血圧の従業員が、現場で作業していて終了後に会社の振舞酒を飲み、また自宅に帰った後にも酒を飲むなどして結局脳内出血で倒れて死亡したという事案です。血圧が高いことを知りながら振舞酒を出して酒を飲ませた会社の責任があるか争われました。
> 　一審判決は、振舞酒の寄与率が5割でその従業員の過失が8割として会社の責任割合を1割認めましたが、控訴審判決は、会社が無理に酒を飲ませたわけではなく自分が酒好きで飲んだに過ぎないのであるからということで会社の責任を認めず、遺族の請求を棄却しました。この判決は、労働者の自己保健義務を前提とした判断であり、当然の結論といえます。

② 健康診断実施義務と受診義務

　健康診断の実施は、労働者の健康を把握する上で極めて重要ですが、さらにそれを活用できるか否かが重要です。この健康診断には、安衛法が定める法定の健康診断と、それ以外の健康診断があります。また、法定の健康診断を実施するのは、使用者の義務ではあっても、それを受診するのは労働者の義務になります。
　さらには、使用者が関与する形で健康診断を実施した場合には、使用者による労働者のプライバシーの保護、守秘義務は重要な事柄です。
　（ⅰ）事業者の実施義務
　使用者（事業者）は法定の健康診断を実施しなければなりません

が、問題は、その結果をいかに使うかであり、きちんと有所見の者については医師の意見を聴取し、その結果を労働者に伝え、さらに、医師の意見を尊重した就労上の措置を実施しなくてはなりません。

ここでは、『京和タクシー事件』と『愛知県教育委員会事件』を紹介します。

京和タクシー事件

(京都地裁昭和57年10月7日判決、名古屋高裁平成9年7月25日判決、最高裁平成13年4月26日判決)

タクシー運転手として採用された原告は、入社時に雇入れ時健康診断をした時点で、「左肺浸潤」の診断が出ていましたが、本人に告げずに採用し、運転手として勤務させて約半年後に定期健康診断をしたところ、結核に進展していたという事案です。

その結果その運転手は約3年間就労できなくなり、損害賠償としてその間の賃金相当額の請求をしましたが、その請求はほぼ主張通りに認められました。判決は、使用者が健康診断の結果を労働者に告知し治療の機会を与えるべきであったこと、医師にその結果を聴取してその指示に従った適切な就労上の措置を講じるべきであったと判示したわけです。

この判決は、その後の法改正に反映され、使用者は単に健康診断を実施すればよいのではなく、それを活用し、労働者の健康管理に使わなければならないことになったのです。

具体的には、現行の安衛法は、事業者の義務として、医師による健康診断の実施義務(同法第66条第1項ないし第3項)、結果通知義務(同法第66条の6)、医師の意見聴取義務(同法第66条の4)、適切な就労措置の決定義務(同法第66条の5第1項)等を定めています。

平成18年4月1日からは特殊健康診断の結果もその労働者個人に通知しなければならないことになりました。

> Point
> ●健康診断で疾患が判明した場合、労働者に通知し治療の機会を与えなくてはならない。また、産業医に意見を聴取し、就業上の措置を講じなくてはならない。

愛知県教育委員会事件
（名古屋地裁平成8年5月29日判決、名古屋高裁平成9年7月25日判決、最高裁平成13年4月26日判決）

　定期健康診断で胸部X線フィルム撮影を拒否する教師がいたので、教育したにもかかわらず、これを拒否し続けるので、事業者は業務命令をもって法定の委員会は受診命令を出したものの、その教師がそれを拒否したため減給の懲戒処分にしたという事案です。一審判決は無効、控訴審判決は逆転で有効、上告審判決は控訴審判決を維持しました。

　法定の健康診断を実施するのは事業者であり、常時雇用する労働者に対しては、事業者は、全労働者が健康診断を受診できるようにするべき義務があります（同法第66条第1項）。これに違反した場合には事業者は刑罰を科されます。

　これに対して、労働者は事業者が行う健康診断を受診する義務があります（同法第66条第5項）。しかし、労働者にも医師選択の自由があり、事業者の指定した医師、歯科医師による健康診断を受診することを希望しない労働者は、他の医師または歯科医師に健康診

断を行ってもらい、その結果を証明する書面を提出した場合には受診しないことができます。なお、労働者の受診義務に対してはこれを怠っても罰則は科されないことになっています。

> Point
> ●事業者は健康診断実施の義務があるが、労働者にも受診の義務はある。事業者は、これを拒否する労働者への懲戒処分を行うことができる場合もある。

(ⅱ) 健康情報とプライバシー

健康情報は、極めて守秘性の高い機微情報といえ、この情報に接する可能性のある企業の担当者らは、その保護には十分に注意しなければなりません。安衛法にも健康診断等に携わる者についての守秘義務が定められているほか、個人情報保護法が施行された後は、機微の個人情報として取扱いの厳格性が強く求められています。
ここでは『HIV感染者解雇事件』を紹介します。

HIV感染者解雇事件

(東京地裁平成7年3月30日判決)

A社にコンピュータープログラマーとして採用されたXは、B社に海外派遣されたところ、現地での就労ビザ取得のための健康診断を受けたとき、無断で病院がXのHIV抗体検査を行い、陽性反応が出たことをB社C社長に告知しました。Cは、A社にそのことを告知

して、Xは日本に帰国を命じられて帰ってきたところ、A社の幹部がXに対してHIVに感染している事を告知してXは精神的な打撃を受けました。そして、しばらくしてA社はXを解雇しました。訴訟においてXに対する解雇は無効になりましたが、問題は、A社またはB社の対応が許されない違法な行為だったのかということです。

まず、A社のXに対する告知の仕方についてですが、

「…HIV感染者に感染の事実を告知するに際しては、前述したこの疾病の難治性、この疾病に対する社会的偏見と差別意識の存在等による被告知者の受ける衝撃の大きさ等十分配慮しなくてはならず、具体的には、被告知者にHIVに感染していることを受け入れる用意と能力があるか否か、告知者に告知するに必要な知識と告知後の指導力があるか否かといった慎重な配慮のうえでなされるべきであって、告知後の被告知者の混乱とパニックに対処するだけの手段を予め用意しておくことが肝要であるといえる。このようにみてくると、HIV感染者にHIVに感染していることを告知するに相応しいのは、その者の治療に携わった医療者に限られるべきである」

と述べています。そして、A社の損害賠償義務を認めました。

さらに、B社のCのプライバシー侵害の不法行為については、

「使用者といえども被用者のプライバシーに属する事柄についてはこれを侵すことは許されず、同様に、被用者のプライバシーに属する情報を得た場合であってもこれを保持する義務を負い、これをみだりに第三者に漏洩することはプライバシーの権利の侵害として違法となると言うべきである。」と述べ、

「個人の病状に関する情報は、プライバシーに属する事柄であって、とりわけ本件で争点となっているHIV感染に関する情報は前述したHIV感染者に対する社会的偏見と差別の存在することを考慮すると、極めて秘密性の高い情報に属するというべきであり、この情

報の取得者は、何人といえどもこれを第三者にみだりに漏洩することは許されず、これをみだりに第三者に漏洩した場合にはプライバシーの権利を侵害したことになると言うべきである。」
と述べて、B社、Cのいずれにも損害賠償責任を認めました。

この事件は、HIV抗体検査の実施について業務上の必要性がないのに勝手に実施したこと、また、その結果について出向先が出向元に告げたこと、さらに出向元が医療者を介さずにその結果を社員本人に告げたこと、が違法であったと判断されました。さらにはHIV検査で陽性が出たことをもって解雇の正当事由とはなし得ないと判断され、その意義は大きいと思われます。

> **Point**
> ●業務に関係性のない検査を本人に無断で行ってはならない。
> ●個人の病状に関する情報は、第三者に漏えいしてはならない。

　(ⅲ) 健康診断時の医師の注意義務の程度

さらに、法定の健康診断は短時間で多くの労働者の診断をしなければならず、質的にも高度なものを要求することは無理があります。その意味でも、健康診断に過大な期待をすることはできません。健康診断の質的な限界を明らかにした裁判例としてと『東京海上火災保険・海上ビル診療所事件』があります。

東京海上火災保険・海上ビル診療所事件

(東京地裁平成7年11月30日判決、東京高裁平成10年2月26日判決)

　亡Aは、損害保険事業を営む被告Y1会社で勤務していましたが、肺がんで死亡しました。その遺族亡Aの兄である原告X1と姉である原告X2は、亡Aが被告Y1会社の本社ビル内にあった診療所である被告診療所Y2において定期健康診断を受診したが、昭和61年9月の健診で被告医師Y3が亡Aの異常陰影を発見できなかった点、昭和62年6、7月の健診で被告医師Y3、Y4が精密検査の必要はないと判断した点、被告医師Y5が健診の結果、糖尿病であるので食事療法を指示したが、痰を伴った咳が出るとの愁訴に対して咳止めを中心とした処方に変えたが肺がんを疑って、レントゲン写真を撮り直すなどの判断をしなかった点につき、それぞれ過失があるとして、医師Y3ないしY5には不法行為責任を、診療所Y2は使用者責任を、会社Y1には安全配慮義務違反および使用者責任を、それぞれ主張して損害賠償を提起しました。

　一審判決は、会社Y1については一般医療水準に照らして相当の水準の健康診断を実施すれば足りるとして原告X1、X2らの請求を棄却し、医師3人のうち、医師Y4の1人についてはレントゲン写真には密度の濃い陰影が認められ精密検査を不要と判断した誤りがあったと認定したが、医師Y4の過失と亡Aの死亡との間には相当因果関係がないと判断して請求を棄却し、医師Y3、Y5については過失がないとして請求を棄却しました。

　控訴審判決は、第一審判決が、会社Y1における安全配慮義務違反は認められない、医師Y3、医師Y5における過失はない、医師Y4の過失は認められるが亡Aの死亡との相当因果関係がない、会

社Y1、診療所Y2の使用者責任はない―と判示しましたが、その判断を、結論としてはそのまま踏襲しました。

定期健康診断の水準について以下のように判断しています。

「定期健康診断は、一定の病気の発見を目的とする検診や何らかの疾患があると推認され患者について具体的な疾病を発見するために行われる精密検査とは異なり、企業の所属する多数の者を対象にして異常の有無を確認するために実施されるものであり、したがって、そこにおいて撮影された大量のレントゲン写真を短時間に読影することを考慮すれば、その中から異常の有無を識別するために医師に課される注意義務の程度には自ずと限界があるというべきである。」

> Point
> ●定期健康診断は一般的な医療水準に応じて行えばよく、精密検査でなければ分からないような特定の疾病を発見できず、就労できなくなったとしても、その責任を問われることはない。

(3) セクシュアル・ハラスメント

セクシュアル・ハラスメント（以下「セクハラ」）は性的な嫌がらせです。セクハラによって精神疾患に罹患した結果、労災申請や使用者に対する職場環境配慮義務違反による損害賠償請求になる可能性があるので、安全・衛生・健康に影響を及ぼす問題として取り上げなければならないわけです。

セクハラは、「対価型」のセクハラと「環境型」のセクハラに分類

できます。すなわち、雇用の分野における男女の均等な機会及び待遇の確保等に関する法律（均等法）第11条は、「事業主は、職場において行われる性的な言動に対するその雇用する労働者の対応により当該労働者がその労働条件につき不利益を受け、又は当該性的な言動により当該労働者の就業環境が害されることがないよう、当該労働者からの相談に応じ、適切に対応するために必要な体制の整備その他の雇用管理上必要な措置を講じなければならない。」と定めていますが、前段が対価型であり、後段が環境型です。

「対価型」は、何らかの雇用上の利益の代償あるいは対価として性的要求が行われるものを指し、「環境型」は、はっきりとした経済的な不利益は伴わないものの、職務の円滑な遂行を妨げるなど、性的な言動により相手の就業環境を悪化させたことを指します。実際に訴訟で問題になったのは、圧倒的に対価型です。

均等法では、「当該労働者からの相談に応じ、適切に対応するために必要な体制の整備その他雇用管理上必要な措置を講じなければならない」と明確なセクハラ防止のための措置義務を定めています。

事業者としては、組織的に十分に防止に取り組むことが必要です。そのために、労働者に対してセクハラ防止教育を十分に行い、苦情窓口等の体制を整備し、当事者のプライバシーを保護したうえで、事後の迅速かつ適切な対応を行います。

以下、①『京都セクハラ事件』、②『福岡セクハラ事件』を紹介します。なお、このほか、『日本郵政公社事件』（大阪地裁平成16年9月3日判決、大阪高裁平成17年6月7日判決）では、女性管理職から男性がセクハラを受けたと訴え、控訴審で否定されました。セクハラは、女性から男性、同性同士といったパターンもあります。

京都セクハラ事件

(京都地裁平成9年4月17日判決)

　呉服販売等を業とするＹ１会社において、男性社員Ａが女性更衣室をビデオカメラで密かに撮影をしましたが、取締役Ｙ２はそのビデオ撮影の事実に気づきながら、カメラを撤去しませんでした。
　また、Ｙ２は、朝礼において、ＡとＸが男女関係にあるかのような発言をし、また、Ｘがこの会社を好きになれないという発言をしたことをもって、代表取締役Ｙ３、Ｙ２が、会社をやめてもよいなどと発言しました。そのため、他の従業員達もＸを避けるようになり、Ｘは会社にいづらくなって退職したという事案です。
　判決は、Ｙ２の朝礼での退職に追い込んだ発言について不法行為の責任を認め、さらに、Ｙ１会社に、
　「女子更衣室でビデオ撮影されていることに気づいていたのであるから、Ｙ１会社は、何人がビデオを撮影したかなどの真相を解明する努力をして、再び同じようなことがないようにする義務があったというべきである。」
として債務不履行責任を認定し、さらに、Ｘが退職を余儀なくされたことについても、
　「Ｙ１会社は、雇用契約に付随して、Ｘがその意に反して退職をすることがないように職場の環境を整える義務があるというべきである。」
としてＹ１会社の債務不履行責任を認めました。
　セクハラ行為の慰謝料の金額は、100万円です。

福岡セクハラ事件

（福岡地裁平成4年4月16日判決）

　情報雑誌の発行等を業務としていたY2会社に入社した女性Xが、その会社の編集長Y1と対立し、Y1がXの性的な風評を会社の内外に流布して、Xの社会的評価を毀損し、さらに、Y1がアルバイトらに対してXが異性との交友関係が派手である旨等を述べたりして、Xの評価を低める言動をしました。さらに、Y1は、女性Xに対して取引先の男性との関係で問題があると述べ、退職を強要しました。Xは専務取締役に救済を求めましたが、専務取締役は逆にXに退職を迫り、Xは依願退職し、Y1は出勤停止処分にされたという事案です。

　このケースは、編集長Y1による環境型のセクハラであり、Y1による不法行為は明白です。それのみならず、専務取締役らの行為についても、職場環境を調整するよう配慮する義務を怠り、男女を平等に取り扱うべきであるにもかかわらず主として女性であるXの譲歩、犠牲において職場関係を調整しようとした点においても、Y2会社に不法行為の使用者責任が認められました。

　賠償額は150万円と低額です。

(4) パワーハラスメント

　パワーハラスメント（以下「パワハラ」）の場合もその被害を受けた者が、その加害者ばかりではなく雇用する企業を訴えたり、中にはPTSD（心的外傷後ストレス障害）やうつ病等の精神疾患に罹患したとして労災保険の請求をすることもあります。

もともとパワハラについての定義がなく、また、公的な規制や裁判例が少ないこともあり、十分な対応策は出せないという面がありましたが、平成24年1月30日になってようやく、厚生労働省の主催している「職場のいじめ・嫌がらせ問題に関する円卓会議」のワーキンググループから報告(以下「報告」といいます。)がなされ、その後の平成24年3月15日付で「職場のパワーハラスメントの予防・解決に向けた提言」により、初めて公的な機関での見解が公表されました。その提言では、パワハラを「同じ職場で働く者に対して、職務上の地位や人間関係などの職場内の優位性を背景に、業務の適正な範囲を超えて、精神的・身体的苦痛を与える又は職場環境を悪化させる行為をいう。」とまとめています。

パワハラから労働者を守る、パワハラが行われていることを知りその再発を防ぐということは、事業者の義務です。これはセクハラと同様に、労働契約上の義務としての職場環境配慮義務として成立し、その違反があった場合には、使用者に対して、債務不履行としての損害賠償義務が発生するということになります。

事業者の対応として、セクハラ防止対策と同様に、防止のための周知啓発と苦情窓口設立等の体制の整備が必要となります。

以下、パワハラに関する裁判例としては、①『川崎市水道局いじめ自殺事件』、②『誠昇会北本共済病院事件』、③『A会社上司損害賠償事件』、④『前田道路事件』、⑤『岡山県貨物運送事件』を紹介します。

川崎市水道局いじめ自殺事件

(横浜地裁川崎支部平成14年6月27日判決、東京高裁平成15年3月25日判決)

被害者の職員に対して、職場の課長、係長、主査ら3名が、いじ

め、からかい、太っていることによる嘲笑、ナイフを見せてすごむ、侮蔑の発言等の諸行為を行い、そのため、その職員は医師により心因反応と診断され、出勤しなくなり、さらに精神分裂病（統合失調症）・人格障害・心因反応と診断されるに至りました。そして療養後、職場復帰前に、3名を恨む旨の遺書を残して自殺しました。

判決は、加害者らの勤務先である川崎市の責任を認め、7割は本人の資質ないし心因的要因として、約1,062万円の賠償を命じました。控訴審である東京高裁もこれを維持しました。

誠昇会北本共済病院事件

（さいたま地裁平成16年9月24日判決）

先輩であり上司である准看護師の課長（男性）から准看護師に対するいじめがなされたという事案です。勤務時間終了後遊びにつきあわせ、自分の仕事が終了するまで帰宅させず、残業や休日勤務を強制し、家の掃除、車の洗車、長男の世話、風俗店・パチンコ店への送迎、馬券の購入などを行わせ、恋人とデート中に用事もないのに病院に呼び出す、社員旅行の際飲料代約9万円を負担させる、死ねよと発言、殺すとメールを送る、病院の職員旅行で女性職員と性的行為をさせようとしたなどの諸行為を行い、その部下はうつ状態になり自殺したという事案です。

判決は、その上司に金1,000万円の損害賠償を、病院に対しては500万円の限度でその賠償の連帯責任を認めました。

A会社上司損害賠償事件

(東京地裁平成16年12月1日判決、東京高裁平成17年4月20日判決)

　損保会社サービスセンター(SC)の課長代理Aに対する、上司であるユニットリーダーBと、Aの人事考課査定権限者である所長Yについて、パワハラではないかと争われた事案です。

　Bは、Yに対して「Aは出力不足なので、もっと出力を」とメールし、Yは、ユニットの10数名の従業員に「意欲がない、やる気がないなら、会社を辞めるべきだと思います。当SCにとっても、会社にとっても損失そのものです。あなたの給料で業務職が何人雇えると思いますか。あなたの仕事なら業務職でも数倍の業績を上げますよ。…これ以上、当SCに迷惑を掛けないでください。」とメールしました。

　一審判決は、請求棄却しましたが、控訴審判決は、指導や叱咤、督促しようとの目的が相当であったとしても、その表現において許容限度を超え、著しく相当性を欠くため不法行為を構成し、金5万円の賠償を認めました。ただし、判決はパワーハラスメントの意図があったとはいえないと判断しています。

前田道路事件

(松山地裁平成20年7月1日判決、高松高裁平成21年4月23日判決)

　営業所長であった者が、ノルマが厳しかったこともあり、架空売上による不正経理をしていたことが発覚しました。解雇にはならなかったものの、その上司が毎朝工事日報を報告させ、執拗に叱責し、

落ち込んだ様子を見せるにいたり、さらに業績検討会の際にも「会社を辞めればすむと思っているかも知れないが、辞めても楽にならない」旨の発言をしました。

　一審判決で、このことは、社会通念上許される業務上の指導の範囲を超えるものと判断されました。本人は、精神障害になり自殺しましたが、会社に安全配慮義務違反ありと判断し、本人側の過失を6割としました。

　なお、控訴審判決は逆転で請求棄却しました。その理由は、その営業所長の不正経理隠匿に関する指導・叱責は、正当な業務の範囲内であり、社会通念上許容される業務上の指導の範囲を超えるものではないというものです。

岡山県貨物運送事件

（仙台地裁平成25年6月25日、仙台高裁平成26年6月27日判決）

　亡Aは、大学卒業後、平成21年4月に運送会社であるＹ１社に入社して宇都宮営業所に配属されましたが、勤務時間が長時間であり、さらに、営業所の所長である被告Ｙ２が厳しく、亡Aは毎日のように叱責を受け、適応障害となり、入社から6か月後の平成21年10月7日に自殺しました。亡Aの両親Ｘ１、Ｘ２が原告となり、不法行為または安全配慮義務違反による損害賠償請求訴訟を提起しました。一審は、Ｘ１らの請求を一部認めました（Ｘ１、Ｘ２各自約3,470万円）が、Ｘ１ら、Ｙ１ら双方が控訴しました。控訴審でも、Ｙ１社は、次のような2つの義務違反があったとして注意義務違反の不法行為が認められました。

「(1) 亡Aの業務量等を適切に調整するための措置

　Y1は、業務日誌の記載内容や、亡Aに対する日常的な資料を通して、このような亡Aの置かれた勤務状況について十分認識し、また、認識し得たと認められるのであるから、新入社員であり、就労環境及び業務に不慣れな亡Aに過度に疲労が蓄積し、心身の健康を損なうことのないよう、ベテランの従業員等により、業務の量を適正に調整するための措置を採るべき義務があったところ、Y1は亡Aには休日に出勤を命じないよう配慮し、午後からの出勤日を設けることがあったほかには、このような措置を採ったとは認められないから、この注意義務違反があったというべきである。

(2) 亡Aの肉体的・心理的負荷を考慮して過度に心理的負荷をかけないよう配慮すべき義務

　Y2による叱責等は、恒常的な長時間の時間外労働及び肉体労働により肉体的疲労の蓄積していた亡Aに対し、相当頻繁に、他の従業員がいる前であっても大声で怒鳴って一方的に叱責するというものであり、大きなミスがあったときには、「馬鹿」、「馬鹿野郎」、「何でできないんだ」、「そんなこともできないのか」、「帰れ」の厳しい言葉が用いられていたこと、亡Aが記載していた業務日誌にもその記載が十分でないと感じられるときには、Y2は、「日記はメモ用紙ではない。書いている内容がまったくわからない」、「内容の意味がわからない、わかるように具体的書くこと」等と赤字でコメントを付して亡Aに返却していること等が認められ、亡Aの置かれた就労環境を踏まえると、このような指導方法は、新卒社員である亡Aの心理状態、疲労状態、業務量や労働時間による肉体的・心理的負荷も考慮しながら、亡Aに過度の心理的負担をかけないように配慮されたものとは言いがたく、注意義務違反があった。」

コラム 新しい裁判例に注目する

1 情報の取り方

　ここで、新しい判例情報を得る方法を考えてみたいと思います。新しい判例が出た場合に、まずテレビニュース、インターネットニュース、新聞記事が発端となります。場合によっては業界団体からの情報で分かることもあるでしょう。それらは一応の信用性はあるものの、情報量としては少なく、また、正確性を欠いている場合もあります。その詳細な内容を得る方法について、情報源を以下に紹介します。

（1）判例集を閲覧する

　判例集にその記事が掲載されるのを待って、熟読するというオーソドックスな方法です。現在は判例集も少なくなく、労働関係では、『判例時報』、『判例タイムズ』、『労働判例』、『労働経済判例速報』等があり、定期購読してチェックします。これらの判例集は解説もあり内容は詳細で正確ですが、欠点は、判決・決定が出てから発表されるまでに数か月から1年くらいかかることです。なお、最近は、インターネットによる判例紹介サービスもあり、少なくとも紙の判例集に掲載されるよりは早く読むことはできます。また、検索も便利です。

（2）法律雑誌、業界誌などの専門誌を閲覧する

　次に判例集では遅いというのであれば、法律雑誌や業界新聞、業界雑誌を探すという方法もあります。法律雑誌や労働関係誌としては『ジュリスト』、『商事法務』、『金融法務事情』、『法律時報』、『法律新聞』、『労働新聞』などがあります。

　さらに法律関係専門ではなく、人事・労務・総務分野の雑誌（たとえば、『労政時報』、『労働基準広報』、『労務事情』、『企業実務』、『人

事労務Q&A』)等にも、重要な判例は紹介されることがあります。
（3）セミナーや研修会
　その他、各種企業団体、業界団体の講習会、セミナーなどでも、新しい判例が出た場合には、その判例に関連する催しが開かれます。積極的に参加して、情報を得るとよいでしょう。
（4）専門家から情報を得る
　その道の専門家である弁護士、司法書士、社労士等に相談し、情報を得る方法もあります。親密に連絡を取るのにはやはり顧問契約を締結しておくべきでしょう。特に急ぎその判例を知りたい事情がある場合は、専門家に相談するのがよいでしょう。

2　新しい裁判例を読む際のポイント

　最高裁判所の判断は、司法の最終判断として、大きな影響力があります。地方裁判所や高等裁判所の判断も、先例として参考になりますが、控訴審（高等裁判所）、上告審（最高裁判所）で、判断がくつがえることもあるため、その後の訴訟の進行に注視します。
　地方裁判所の判決においては、やはり東京地裁、大阪地裁の判断は重みがあります。というのは、労働事件、交通事件等は、東京地裁、大阪地裁には専門部があり、その種の事件ばかりを取り扱っている裁判官が判断をしますので、どうしても重みが増すわけです。
　また、それぞれの判決は、あくまでその裁判の前提となっている事実関係をもとに、個別具体的な紛争を解決するために出された結論です。そのため、裁判例の内容を正しく理解するためには、前提となっている事実関係を確認して理解するのがよいでしょう。解説記事などに引用されている一文だけを、前提条件から離れて一人歩きさせないよう注意する必要があります。

第 3 章

安全衛生スタッフが関わる賠償の実務

　労働災害が起きてしまった場合、安全衛生スタッフはどのように被害にあった労働者、その遺族に対応し、事故後の補償と賠償を進めていくのか。安全衛生スタッフ者が関わる補償・賠償の実務について具体的な流れに沿って解説します。

第1節 和解

　労災事故等の加害者である企業としてなすべきことは、まず労働災害の調査と、それから被災者または遺族への慰謝と、責任が免れない場合には早期の和解（示談）です。
　和解には、裁判外の和解（示談）と裁判上の和解があります。まず、確認のために和解の目的を明らかにし、裁判上の和解についての心構えやノウハウについて述べることにします。

1　裁判前の和解（示談）について

（1）労災事故による責任と、労災事故の隠蔽の禁止

　労災事故が起きれば、企業としては、刑事責任、民事責任、行政責任、社会的責任が問われる可能性があります。日頃から安全衛生管理を進め労働者の安全と健康を守る努力をしてきたのであれば、できれば責任が問われないように、仮に問われるとしても最小限に食い止める必要があります。
　最近でも著名企業の不祥事が暴かれて、廃業とはいかないものの信用の失墜、株価の下落、経営者の交代、経営者らに対する代表訴訟による損害賠償請求等の事態が繰り返されていますが、それらの

不祥事の多くは法違反の事実を覆い隠そうとして社員からの内部告発によりその隠蔽した事実が明らかになることが多いのです。

労災事故の場合は、かつては労災隠しがなされることが多く、外国人の不法就労や偽装請負の現場での労災事故隠しが指摘されていますが、そのようなことは決して起こさないようにしなければなりません。積極的に自ら労災事故が起こったことをオープンにする必要はないにしても、隠すなどということはあってはならないことです。届出義務違反として安衛法違反（安衛法第100条第1項、安衛則第96条、第97条等）の犯罪行為であって、必ず労基署や警察署に届け出る必要があります。

(2) 災害調査の必要性

その上で、事故についての調査をすることが必要です。最も重要なのは刑事責任に関してですが、民事責任についても事故状況を把握することは非常に重要です。

まず、災害の調査においては、事故の原因を確認し、安衛法違反があったのか、安衛法違反はなくても業務上過失致死傷罪に該当する作為、不作為があったのかという刑事責任の面を十分に確認することは不可欠であり、早急に行う必要があります。特に、安衛法違反の場合には故意があったか否かが極めて重要であり、その意味でも早急な対応が必要となります。重大事故であれば、被疑者の身柄を拘束される可能性もないことはなく、できればその前に事実関係をはっきりさせておく必要があるでしょう。

次に、民事責任としての不法行為責任、安全配慮義務違反が問われる事案なのかどうかの選別は非常に重要です。仮に責任を免れないと判断した場合であっても、労働者側に過失がないのかという観点から十分な調査が必要となります。過失相殺についての被害者側

の過失割合が２割、３割であっても、損害賠償額が1,000万円、2,000万円減額になることは十分あり得ることであり、過失相殺できるかどうかは事故直後の災害調査にかかっているといっても過言ではありません。

もちろん、災害調査をするということはその調査結果をきちんとまとめておくことが必要であり、文書に残しておくべきです。さらに最近は写真、録音、ビデオ化してその記録を残しておくことも検討しておく必要があるでしょう。安全対策があった、いや、なかった、不十分であったという議論がしばしば法廷でなされることがありますが、客観的な証拠がないとすれば、多くは加害者側である企業側の怠慢であると、認定される傾向があります。仮に客観的な証拠がないとすると証明ができないとして、安全対策を取っていなかったものと判断されてもやむをえないということになります。

民事事件にせよ、刑事事件にせよ、裁判の結果は証拠によって大いに変わり得ます。より有効な方法でその記録を残しておかなくてはならないことになり、それには工夫が必要なのです。

(3) 裁判外の和解（示談）の手続

企業が刑事責任を問われかねない事案であると判断すれば、まずもって速やかに被災者本人、または、遺族と示談交渉をするべきです。

民事責任のみを考えれば、示談交渉は四十九日を過ぎてから行うべきであると言われていますが、刑事責任に対する対応策を考えた場合には四十九日終了の後に開始するのでは遅きに失する可能性があります。やはり、刑事事件の手続の推移を見ながら、示談をもっと早く行わなければならない場合もあるので、その見極めが必要となります。

① 被害者・遺族への対応－見舞いと慰謝

　まず、加害企業側としては本人を見舞い、もしくは遺族を慰謝することが必要です。事故後すぐ加害企業は責任者が見舞うべきですし、遺族に謝罪しなければなりません。

　その被災者を亡くした家族は、怒り、悲しみが大きく、加害者の担当者や責任者が謝罪に行っても失礼な態度に終始する場合がありますし、罵倒したり、中には殴りつけたり、水をかけるような行動を取ることもありますが、そのことに対して怒ってはいけません。誰しも愛する家族を殺され、または重い後遺症が残って今後どうなるのか見通しが立たないという心理的に不安定で、悲しみ、怒りが大きい状況にあるので、加害者としては、その状況にあることを理解しなければなりません。

　一度や二度、追い返されたというくらいで、遺族に対して失礼だといって憤慨する加害企業もありますが、それでは遺族の気持ちが分かっていないと非難されても仕方ないでしょう。

　ある労災事故の事件で、告別式に行ったところ、遺族側から二度と来るなと言われたので、それを真に受けて本当にその後一切謝罪しようとしなかった企業もありますが、全く非常識というべきでしょう。そのような企業がその後民事裁判で相当厳しく責任を追及されたことは言うまでもありません。

　もちろん、私が被災者や遺族からの相談を受ければ、加害者である企業側が見舞いに来たときには、納得できなくてもせっかく礼を尽くしに来たのですから一応会って話は聞きなさいと、弁護士としては指導はしていますが、無理強いはできません。遺族の悲しみは大きく、被災者の遺族が、悲しみのあまり、入院を必要とするほどに健康状態を悪化させた例を何度も経験しています。

　ただし、見舞いや慰謝に出かけても、軽率に一方的に謝まるのは

ふさわしくない場合もあるので、そのことは要注意です。つまり、被災者の自損事故と評価されてもやむを得ないような事故の場合に、「一切会社が悪かったのでできるだけの誠意を示します」等と発言してしまえば、その場のしのぎになるでしょうが、遺族は会社が全面的に非を認めたと理解してしまうことにもなりかねません。後に、被災者側の過失を前提とした和解案を提示する際に、遺族側の感情を大いに損なってしまうことは間違いないでしょう。いかにその被災者や遺族に対して弔意の気持ちを表さなければならないとしても、それと賠償とは別の問題であることをわきまえておかなければならないのです。

② 和解案の提示

　被災者や遺族に対する見舞い、慰謝が終わって、しばらくして、特に急ぐ事情がなければ四十九日を過ぎた頃に示談の話をはじめるのがよいタイミングです。死亡事故であれば十分に損害額の算定はできるはずであり、損害額の算定の面では問題はありません。

　他方、傷害事故であれば、損害額を算定するには症状が固定する必要がありますが、重傷であれば6か月、1年、2年と症状が固定しない状態が続く可能性があるので、それまで全く示談の話をしないのは問題であり、症状が固定した時点で和解案を示すつもりであることを予告しておく必要があります。そうしなければ、被災者やその家族は加害企業が一体どのようなつもりなのかと不安に考えてしまうでしょう。

　このように死亡事故であれば四十九日を過ぎた頃には、示談の案の概要を示すべきですし、傷害事故であれば、一般的な示談の話をして（ただし、被災者側にも過失があるのであればやはり被災者本人の過失についても指摘するべきでしょう）、後遺症の症状が固定

した後にこのような計算をして示談の案を示すことを説明するべきです。

③　被災者・遺族側の回答

　被災者や遺族も大きく分けて、2通りあります。
　一つは、労災保険や上積補償などから一定の保険金、補償金が出ること、および、加害企業からも責任を認めた上で社会的に見れば相当額の示談金が提示される場合には、基本的にそれに応じるというタイプです。
　もう一つは、被災者や遺族側としても損害金を真剣に研究し、さらには、弁護士などの専門家に相談して、加害企業側の提示した示談の案について、克明に調べて計算し、示談案の不備を指摘してさらに高額の示談案の提示を要求するタイプです。
　前者の場合には、丁寧に説明の上、相応の金額を提示して、速やかに示談書を作成し、示談を合意して解決を図るべきです。
　後者の場合には、被災者・遺族側から提示された案や疑問についてきちんと対応することが必要です。いいかげんな対応をすると、被災者・遺族側が不信感を持つことになり、その後の交渉もなかなか進まないことになってしまいます。
　交渉がこじれたケースを紹介します。死亡事故を起こした加害企業が、遺族である妻に対して遺族補償年金の20年分を控除する示談金額の案を示しました。往々にして、素人的には遺族補償年金はずっと出るのだから将来分も当然に控除できると軽信して、将来分を控除して計算してしまう場合があるのです。実際には、判例上は、遺族補償年金の将来分については、すでに支払い済みまたは支払い決定がなされている部分は控除できるということになっており、将来部分は控除できません。にもかかわらず、20年分も控除する額の案

を提示すればその判例を知った遺族側が激怒することは当然であり、結局、示談に至らず訴訟になってしまいました。

　遺族補償年金と障害補償年金については、労災保険法上は控除(抗弁)の対象となるのは前払い一時金の最高限度額の範囲内(遺族補償年金は給付基礎日額の1,000日分、障害補償年金は後遺障害1級の場合は給付基礎日額の1,340日分)とされているのですが、これは法律的な知識が必要な事柄で、これを知らないと大失敗してしまいます。

　結局、仮に、いかに検討しても被災者側・遺族側が提示した金額を満たすことができないときには、調停または訴訟にならざるを得ないと思われます。しかし、その際も、できれば示談が成立する方が加害者側にとって総合的に考えて得策であることが多いようであり、加害者側としては、提示できる範囲で、誠実に金額を上乗せした案を示すべきです。特に、刑事事件との絡みで早急に示談することが必要であれば少しずつ上積みするのではなく、思い切った金額を提示するしかない場合もあります。

　しかし、企業側が、到底支払うことができないような示談の案を示してくる被災者・遺族であれば、調停や訴訟も覚悟しなければならないこともあるでしょう。

　これも実際にあった事例ですが、脊椎損傷の一級障害を負った被災者が、自ら計算して3億円もの支払いを要求してきました。その金額は、標準的な賠償金よりも1億円～1億5千万円も高く、被災者側がその金額に固執して譲歩の姿勢がないのであれば、示談ができないのはやむを得ないことです。示談の経過を説明すれば刑事事件でも示談ができないことをもって不利には斟酌されないと思われます。

④遺族が未成年者を含む場合
　未成年者の法律行為は無効ではありませんが、取り消しうる行為です（民法第5条第1項、第2項）。未成年者の法律行為は親権者によって代理されるか、親権者によって同意されなければ完全な効力はなく、取り消しうる状態であるので、取消が有効になされればその意思表示は無効となります。
　労働者が死亡した場合には、多くの場合、妻と子供が遺族になり相続人となりますが、その子供が未成年の場合には親権者は妻ということになり（夫である労働者が死亡しているので単独で親権行使が可能である）、示談を締結するときには、その妻とその子供の親権者母が実際には合意して署名押印することになります。
　ところが問題は、妻がその示談の当事者でありながら、かつ、子供の親権者としても当事者の代理人となるために利益相反行為（民法第826条第1項、第2項）にならないのかという問題が生じます。しかし、法定相続割合で示談する以上は、妻と子供の利益相反行為にはならないのですが（利益相反か否かは外見的に見て考えるのであり親の内心の意図とは関係ないとするのが判例通説です。）、法定相続割合でなく、損害賠償額を全て妻が受け取ったり、法定相続割合よりも多く受け取ることにしたとすれば（例えば、法定の相続分は、妻2分の1、長男4分の1、次男4分の1であるのに、妻が長男と次男とを代理して妻4分の3、長男8分の1、次男8分の1とするような割合の和解額にするような場合）、利益相反になるものと考えられます（民法第826条第1項）。仮に、妻がその多く取得した分で子供の生活費や学費に使おうと考えていたとしても、それは利益相反行為ではないということの弁解にはなりません。
　また、複数の子供がいて一方の子供を利して他方の子供に損害を与えるようなやり方をすれば（例えば、妻2分の1、長男8分の3、

次男8分の1というような割合の和解額にするような場合)、子供の間の利害が対立することになりそれを親権者が双方の代理をすることはやはり利益相反行為となります(民法第826条第2項)。

そして、いずれの利益相反行為も、家庭裁判所に特別代理人の選任申し立てが必要となります。

したがって、加害者である企業としては、法定相続分に応じた賠償額を定めた示談書、または賠償額を個人ごとには記載せずに総額でいくら支払うという和解にすることも考えられます。それであれば、遺族内部でどのように分配するのかは加害者側としては関与するところではないので、利益相反行為にならず、親権者母が子を代理して示談をしても差し支えなく、特別代理人の選任の必要はないと解されます。

2　裁判上の和解について

示談ができずに、残念ながら損害賠償の民事訴訟が提起された場合にも、結果とすれば、判決よりは和解で解決することが多いですし、また、和解の方が加害企業にとっては有利な場合が多いといえます。そのため、賠償責任が明らかな事案においては、裁判の中でも和解の機会があればそれを積極的に活用するべきでしょう(後述、P.141図表3－1参照)。

(1) 裁判上の和解の目的

裁判になれば、お互いに主張立証の上で裁判所による判決を待つことになりますが、裁判を提起された時点でもはや和解で終了することは何のメリットもなくなる場合もあれば、判決を回避するとい

うことに非常に意味がある場合もあります。

　裁判上の和解の目的は、端的に言って、その訴訟という紛争を解決するということです。

　しかし、和解したからといって紛争は終了しない場合もあります。たとえば、職業病による集団訴訟の場合です。造船所の難聴の事件、営林署職員の振動障害の事件、金属鉱山のじん肺症の事件、石炭鉱山のじん肺症の事件、トンネル工事によるじん肺症の事件などがありますし、今後は現時点でも拡大しつつあるアスベストによる中皮腫や肺がん、石綿肺症による集団訴訟がその例です。そのような集団訴訟は第一陣、第二陣、さらに第一次、第二次などというように次々と訴えが提起される可能性が高く、その先行した一部の事件の和解をするということは、むしろ訴訟の呼び水的な存在であって、決して最終の解決ではないことに注意しておく必要があるでしょう。

　つまり、加害者とされる企業側が妥協して和解をすると、それを機に、次から次へと訴えが提起されるという場合もあるのです。労災事故が単発であれば、その事件について解決すればそれによって両当事者にとって事件は解決するのに対し、職業病による集団訴訟の場合の和解は、同種の被害者が多くいるために、確かにその和解当事者の被災者や遺族については事件は解決はするものの、その予備軍である被災者群および支援者（労働組合であることが多い）にとってはその和解は終わりではなく、むしろ、開始であるということになりかねないことになります。そして、一旦和解で終了したように見えても、再度集団で提訴して同じ水準での和解を求めてくることが多いのです。そのような場合は、和解は決して終了ではないことを覚悟の上で和解をしないと、後で裏切られたという気持ちになることになります。

(2) 和解の時期

　裁判上の和解が行われる時期は、それぞれの事件によって当然違いますが、基本的には、当事者双方の主張が一応出そろって裁判官がその事件の全体を見渡すことができる状況になった時点と、証人尋問、本人尋問などが終了して裁判官が心証（裁判を通して得たその事件についての確信）を決めた時点の２つがあります。

　労災事件の場合には、事故状況が原告、被告当事者で認識がかなり異なることが考えられるので、被告企業の責任の有無とその程度（過失割合）についての①**責任論**と、被災者、遺族の損害の認定の②**損害論**があるので、和解するか否かは常に二面的な検討が必要になります。

①　責任論　～責任の有無についての議論～

　安全配慮義務違反または不法行為責任については、被告企業としては当然争うことになるでしょうし、被災者側の過失を主張する過失相殺の主張をすることも多くなります。労災事件の審理の大半は、この責任論に費やされます。前述のように、労災事故が起こったならば速やかに事故状況を調査しておくべきで、その際、注意しなければならないのは休業４日以上の場合に速やかに労基署長に提出しなければならないとされている労働者死傷病報告です。なぜなら、そこには事故状況について図示する欄があり、その記載が曖昧であったり、いいかげんな調査で作成された図面であったりすると、そこで勝負あったということになりかねないからです。

　労働者死傷病報告の事故状況についての記載もきちんと調査を終えて、その労災事故が誰の責任かを明確にしてから提出するべきです。

② 損害論 ～損害額の金額についての議論～

　被告企業の立場に立って考えると、どうしても責任がないと争いたくなることが多いわけですが、責任がないということを全面に押し出して主張する余りに損害論の主張がなおざりになることが多いので注意しなければなりません。

　仮に、責任があるとした場合の損害論（被害を金銭に評価した場合の金額）の主張も一応しておくべきでしょう。被告側からの原告側の損害に関する主張は、責任論で争う以上は単純に「否認し争う」というにすぎないものが多いように思われますが、訴訟技術上の問題としては、それは好ましくないでしょう。

　また、被告企業の対応としては、過失相殺の主張や労災保険、上積補償からの保険金、補償金の控除などの損益相殺の主張も行うべきです。責任が免れないにしてもその事故の使用者の責任が、100％か、50％か、それとも30％かによって、当然争う視点が変わってくるわけです。そのためには、訴訟の中で、労基署長に対する保険金の支給状況などの調査嘱託による回答を求めておくことも必要となるでしょう。

　特に、被告企業の責任を全面的に争って責任ありと認定された場合には、原告側への過失相殺の主張がおざなりになる可能性が高く、そのためには一歩引いた主張立証も考えなければなりません。

　最高裁判例により、被告側の主張がなくとも裁判所は過失相殺を斟酌できることが確認されましたが（『NTT東日本北海道支店事件』（最高裁平成20年3月27日判決））、だからといって被告企業が過失相殺の主張を裁判所の判断に任せておくべきではなく、被告企業側も主張するべきは主張しなければなりません。

③ 和解の機会を逃さない

裁判上の和解の機会は、常に2回あると考えてはなりません。特に全ての証拠の取調が終了したときには、裁判官は和解するよりも判決、決定を書いた方がよいと判断すれば和解の勧告はなされないことも十分あり得ます。その意味では、どうしても和解したいと考える当事者は、和解の意思のあること、和解も検討できる旨を裁判官に意思表示しておかなければなりません。

(3) 和解のメリット

一般的に言えば、賠償責任が明らかな事案であれば、加害者である企業としては、できるだけ早期に和解するべきでしょう。また、賠償責任が明らかでない場合でも、一般的に言えば労災事故の事案で賠償責任がないと認定される確率はかなり低いと考えられるので和解に応じて損はないと思われます。ただし、被告企業に全く責任がないと考えられる事案であれば、和解にはメリットがない場合もあるでしょう。

裁判上の和解のテーブルに着くメリットとしては次のようなことが考えられます。

> i 裁判官の心証がある程度判明すること。
> ii 早期に解決し、遅延損害金の支払いが免除されるか、または蓄積されないこと。
> iii 裁判上の和解の場合には、原告（被災者）側の弁護士費用を負担しないですむこと。
> iv 加害企業の責任の内容が明確にならないですむこと。
> v 刑事事件において、裁判上の和解をしたことを有利な事情として使える場合があること。

(4) 和解の内容

　和解案の内容は和解の時期によって当然異なってきます。

　互いの主張が出そろった段階では、中には優劣が明白な事件もありますが、事故態様の認識が原告と被告とで全く異なる場合など、未だ優劣は決められない場合が多くあります。そうすると裁判官は、自分からは意見を言わずに当事者の意見を双方から聴き、和解の余地があるか否かを探るという態度であることが多いといえます。その時には、当事者はそれぞれ自分の主張に則った考え方を示さざるを得ないので、どうしても和解は成立しにくいといえます。

　訴訟代理人（弁護士）の立場では、早期の時点であまりに譲歩した和解案を提示すると、弱気であると理解されることを懸念する傾向が強く、どうしても建前論的な対応にならざるを得ない面もあります。そうすると、早期の解決は図れない結果となってしまいます。これに対し、全ての証拠調べを終了した段階では、すでに裁判官も判決になればどのような結論になるかがある程度は見えているため、裁判官の主導する和解になるケースが多いといえます。もちろん、全く心証を示さないベテラン裁判官も多いのですが、当事者双方とも、この和解が決裂すれば判決になることになるので慎重に対応せざるを得ず、強気一辺倒の対応では柔軟性に欠けることにもなりかねません。両当事者、両訴訟代理人を押したり引いたりすかしたりして非常に巧みに和解をまとめていく裁判官もいれば、露骨に心証を現して強引に和解をまとめていこうという力業が得意の裁判官もいます。それぞれに柔軟に対応しなければなりません。

(5) 和解に臨む態度

　和解に臨むにあたっては、そもそも和解をしたいのか、和解をし

たくないのかについて、訴訟代理人とその当事者との間で、事前に十分な意思統一をしておくべきです。労災事件の場合で加害者である企業に責任があることは明らかな事案であれば和解を拒絶する場合は多くはないですが、仮に企業としては被害者側の自損事故であり和解したくないと考えているならば、その判断が妥当か否かはともかくとして一切支払うつもりはないということを訴訟代理人に明確に伝えておかなくてはなりません。

また、逆もあり、加害者とされる企業の担当者が弱気で、訴訟代理人が強気の場合、強気な代理人の発言で和解の可能性がないと判断した裁判官はあっという間に和解を終了させるかもしれません。そのために、加害企業の方も和解の意向があるのであれば裁判期日の前にその意思を訴訟代理人に伝えておかなければなりません。その意味では、裁判上和解時にどのような対応をするのか、事前に入念な打ち合わせが必要です。

裁判所が和解について打診する場合に、訴訟代理人と被告企業の担当者の間で意思統一がなされていないと不用意な発言をしてしまうことにもなりかねず、そうすると、予定外の方向に和解の話が進展することもあります。準備が不十分だと、和解の機会を逸してしまったり、和解するべき事案ではないのに和解せざるを得なくなってしまうということもあるので、十分に注意することが必要です。

裁判上の和解に望む態度を大別すれば、①どうしても和解をしたいという場合、②和解を全く希望しない場合、③相手方の出方次第では和解しても良い場合の3つがあります。

なお、和解を希望しない場合には、そもそも和解のテーブルに着かないという手段もあります。また、和解にも当事者から和解をして欲しいと申し入れる場合と裁判所から職権で和解を勧告するという場合があります。裁判所から和解の勧告があるときに、当初から

和解のテーブルに着かないという態度を選択する者は多くないと思われます。どうしても、訴訟の当事者とすれば、裁判官の心証を気にする習性があるからです。裁判官がせっかく和解はどうですかと言っているのに、これを拒否すればいい結果にはならないだろうと考えてしまいます。

　私のこれまでの経験から言っても、和解する気がないと発言して露骨に嫌な顔をした裁判官に会ったことも何度かはあります。確かに裁判官も人の子で、多くの事件を抱えて山程の事件記録を精査し、寝る間も惜しんで判決書を書いていることを考えると、「和解しない」と拒否することで、むっとしてしまうこともあるでしょう。あえて言えば、そのような裁判官はあまりに利己的であり、裁判官としては失格です。大変なのは分かりますが、当事者である被災者・遺族や加害者とされる企業は、自己にとっては一生の問題、何十年に一度の紛争を抱えていることが多いのであり、自己の事件の取扱いを裁判官にないがしろにされて、その余力を他の事件に回されたのではたまらないと感じるのは当然です。また、その辺をわきまえたベテランの弁護士は、裁判官の心証を害さないような形でうまく婉曲に和解を断っているのです。

(6) 裁判上の和解を希望する場合

① 加害者である企業として積極的に和解を希望する場合

　和解を希望する場合は、積極的に和解の案を自分の方でつくって裁判官に示すべきです。相手方や裁判所に頼っていては自分の希望する和解が成立することは難しいからです。たとえ無駄になる可能性が高くても、自分の方の構想の和解案を示しながら、それを前提に和解を進めてもらうことが肝心です。そのためには、裁判の現状を見据えて現実的な和解案を作る必要があり、その上で当然のこと

ですが、その和解案の上限と下限をあらかじめ決めて臨むことが重要です。

　私も訴訟代理人として、和解の席では裁判官から強く勧められて、つい心ならずも本来の上限を上回る、または下限を下回る和解をせざるを得なくなってしまった苦い経験もありますが、それは、あらかじめ十分な打ち合わせをせずに裁判官の意見にのみ耳を傾けすぎてしまったことが原因でした。

　たとえば、和解するのであれば、被告の立場に立てば金2,000万円以内、原告の立場に立てば4,000万円以上と考えて裁判上の和解の席に臨んだとしましょう。この場合、裁判官が3,000万円が妥当であり、その線でどうかと和解を進めた場合、被告側の立場では、ついつい和解を断ると判決では3,000万円になってしまうのでそれなら和解しようかという気持ちになってしまうことがありますが、裁判官の一声で軽々に態度が変わるようでは準備が足りません。

　裁判官から想定の上限を上回る和解案が提示された場合、または、下限を下回る場合の和解案が提示されたという場合には、その事件の結論に認識が甘かったと考えるべきであり、その場で冷静かつ妥当な判断はできませんので、できれば、回答を保留し、その場の和解期日は終了するのがよいでしょう。

② 和解を希望しない場合

　和解を希望しない場合にも、（ⅰ）とにかく和解したくないという場合と、（ⅱ）勝訴することが明白であり安易に妥協したくない場合があるでしょう。

　（ⅰ）の場合は、一見不合理のような気がするかもしれませんが、特に労働・労災事件では、損得ではなく、あんな相手とは和解するなんてとんでもない、和解する位なら負けた方がましだという場合

が意外に多いので、訴訟代理人としては、その意思に反して和解を進めるというのは難しいといえます。

　その場合に、訴訟代理人としても損得抜きで和解を拒否しなくてはならず、正直に和解はしませんときっぱりと断る場合と、とにかく相手がのめないような条件を付けて和解の成立を拒むということもあります。例えば、和解の条件として謝罪文の提出を要求するという条項を設けて、相手方ものませないようにするという手法ですが、かなりの高等戦術であり、下手にこの手を使うと逆に追い詰められることもあるので要注意です。

　（ⅱ）の場合は、勝訴は明々白々で、そのような事件で和解をするのはもったいなく、判決を希望するというものです。これは、和解条件で120％の和解案を提示すれば和解の成立は阻止できることが多いといえます。ただし、裁判官の心証を害する可能性は否定できず、裁判官によってはこの方法は使えないこともあり、要注意です。

（7）相手方の出方次第では和解するという場合

　この種の事案は、双方とも勝利するという確信はないものの、反面その期待があり、互いに腹を探り合うという場合です。この種の和解交渉は、双方がなかなか本音を言わないために、裁判官が積極的に進めない限りはなかなか成立しない傾向にあります。そして、裁判官が粘り強く和解を勧める場合には、4回、5回と和解期日が重ねられることもあり、訴訟の長期化の一因ともなっています。

　人的証拠※の取調べ前の早い時期ならこのような対応でも良いと思いますが、判決直前にこのような対応だと、裁判官が、当事者同士がそのような態度ならと早々に和解を打ち切る可能性もあるので、その点は要注意です。

　　　※人的証拠：人の供述もしくは身体を証拠方法とするもの。

(8) 和解の技術と注意点

次に、裁判上の和解の技術（テクニック）的な面を思いつくままに紹介してみましょう。

① 和解期日には遅刻しない

裁判上の和解期日は裁判官が立ち会うのでまだよいのですが、裁判外の和解では必須のテクニックといえます。忙しい弁護士（訴訟代理人）が多いので、つい数分、10分と遅刻してくる代理人がいますが、まず、相手方に「すみません」、「申し訳ありません」という会話から和解交渉が始まると考えれば、おのずから結論は明らかでしょう。和解交渉とは、営業と同じ側面があり、自己の利益を強調し、相手の主張の非を指摘することになるのであって、普通の者にとっては精神的には嫌な作業です。そのような精神的に嫌なことを言う作業であるのに、交渉のはじめに「申し訳ない」から始まるとすればなかなか強気のことは言いづらいのは当然でしょう。もちろん、ベテランの弁護士になれば、どんなに遅れてきても言いたいことを好き放題言える厚顔な弁護士もいますので、そのような場合は遅刻することによる影響もないことになります。

また、裁判上の和解であれば、直接応対するのは、相手方や相手方代理人ではなく裁判官ですから、話しづらいという気持ちはありませんが、強引に説得にかかろうとする裁判官であればやはり臆せずに主張を言うために遅刻しない方がよいのは当然です。

② 和解の時間は十分に確保する

通常は、裁判上の和解の期日の時間は30分、長くて1時間ですが、もう少しで和解がまとまるという時には、裁判官も他の事件を途中

で片づけて2時間近くまで和解交渉を延長してくれることもあります。従って、特に和解案が煮詰まってくると何度も当事者が交代で呼ばれることがあり、その場合は水を差さないようにしなければなりません。その時盛り上がった話が、日時を変えると、その雰囲気はなくなり一からの出直しになることも少なくありません。従って、口頭弁論や弁論準備期日であれば通常は30分も時間を確保していればよいわけですが、和解の場合は1時間以上、できれば2時間くらい時間を空けておくとよいと思われます。

　また、裁判外の和解のときは、待ち時間があるわけではないので多くの時間を費やすことはないでしょうが、話し合いの途中で他の用件で失礼するというのは相手方や相手方代理人がせっかく時間をあけて準備しているのに話し合う機会を奪うことになるので、好ましいことではありません。和解の協議の節目になるまでは途中で退席することのないように、裁判上の和解の場合と同様に時間的には余裕が欲しいところです。

③　当事者と代理人が十分、意思疎通を図っておく

　当事者と代理人が意思疎通をあらかじめ図っておくことは重要です。こういう条件ならば和解できるが、それ以下であれば和解しないという線をあらかじめ決めておかなくてはなりません。

　当事者の足並みがそろわないということはみっともないし、場合によっては裁判官から強く和解を勧められた場合、代理人は納得できなくても当事者が心ならずも和解に応じてしまったということもあります。その場合には、後で当事者と代理人の間で和解の受諾を巡って紛争が起こることもあるのです。当事者としては、理屈の上では分かっていても不利な和解をさせられたという無念さを代理人にぶつけてくるもので、その意味で本当に納得して和解するのかを

確認する機会を事前に持つ方がよいのです。

　また、事前に打ち合わせをしていても、予想外の和解案が提示されることもあり、その場合には、その場で十分に対応できないと判断できれば、持ち帰って検討するしかありません。その場で十分な理解や検討もないままに安易に和解したら、後々、大変なことになる場合があるので要注意です。

④　交代時の対応に気をつける

　裁判上の和解では、交代で裁判官と面談することが多く、お互いに、相手方が裁判官からどのように説得されているのかは非常に関心が強いところです。そして、訴訟代理人もそうではありますが、当事者は、裁判官から心証を吐露された場合に、不利であると言われて妥協せよと説得されると、非常にむきになり真っ赤になったり、逆に非常に落ち込んでしまう場合があります。

　不利なことを言われた場合にそれを顔色に出さないということは感情を殺すということであり、大変難しいことではありますが、相手にそのことを読まれないようにしなければなりません。従って、訴訟代理人はもちろんのこと、当事者本人も裁判官からの心証により顔色や態度に影響が出ないように演技をしなくてはならない場合があります。

　また、交代で裁判官室に入る時に時折、相手方が逆に大声で笑ったり、代理人と楽しそうに話をしている場面に遭遇することがありますが、これも普通は演技であると考えてよいでしょう。相手に顔色や態度を悟られないようにして故意に明るく振る舞っている可能性が高いといえます。裁判というのは被災者側にせよ、加害者である企業側にせよ、非常に重大で緊張する場面であり、普通であればそのような楽しそうな話が弾んだり、大声で笑うなどということは

考えられません。有利なときも不利なときも普通にしているのが、ベテランの弁護士です。

⑤ 待ち時間の裁判所の廊下や控え室での具体的な会話は避ける

　これも裁判上の和解でのことですが、相手方が交代で裁判官と和解の話し合いをしているから、待機する場で何を話しても分かるはずがないと思って、他方の控え室にいる当事者や訴訟代理人が自由に大声で和解の内容について話をしている光景をしばしば見かけますが、全く感心しない態度でしょう。もちろん、他の者が全くいないのであればそうすることも問題はありません。

　しかし、知らない者がいる場合には「壁に耳あり」ということなのです。確かにその当事者はいないが、その代理人の知人の弁護士、同じ事務所の他の弁護士、その事務所の事務員等無関係でない者がいる可能性があります。場合によっては、無関係なふりをしてその話を聞いているかもしれません。

　私の体験ですが、ある地方で提起された集団訴訟の時のことです。その裁判はその地方では大事件で住民は皆関心があり、日常の話題になることが多いらしく、ある時その裁判が終了してタクシーに乗ったとき、運転手が妙に裁判の成り行きについて執拗に話しかけてくることがありました。よく考えると、地方に行けば行くほど地縁・血縁の社会であるので、その運転手の知人とか親戚とかがその裁判の当事者である可能性もあり、タクシーの中ではその裁判のことは話題にしないように気をつけたことがありました。

　司法の世界は他の社会に比較しても狭い社会であり、どこで誰がつながっているかは分からないので、注意しなければならないのです。その意味では、口は災いの元となることが多いのです。

⑥　裁判官に騙されないようにする

　裁判官も人の子であり、関心のない事件、法的には何のおもしろみもない事件等については時間をかけて判決、決定は書きたくないのが本音のところでしょう。

　確かに限られた時間で膨大な事件処理を迫られる裁判官の立場になれば、そのような事件はできるだけ和解で解決したいと考えるのも無理はないところです。そのためか、たまに和解の席で双方に非常に悲観的な心証を開示する裁判官がいるようです。要は、双方に悲観的な見方を伝えて、双方に相当妥協させて、和解をまとめようとする方法を採用するのです。

　別にその和解の手法がいけないわけではないと思いますが、時折、和解した後で裁判官に騙されたなと思うことがあります。そのようなやり方をする裁判官に当たったときには、相手方の様子、対応をよく観察しながら、裁判官が相手方にどのような対応をしたのかを見抜く必要があります。1回目の和解期日では分からないにしても、数回和解期日が継続しますと、どうもこれは裁判官は双方に悲観的な見方を伝えているのではないかと思われることがあるのです。そのときは容易には和解には応じないように、よく当事者の立場を考慮して、その立場を裏切るような和解をしないように注意します。

⑦　裁判官を味方に付けるように工夫すること

　裁判官は両当事者にとって公平でありますが、公平であるという意味は相応に同じ結論を出すということではありません。結果的には一方に有利、一方に不利な結論が出されることが圧倒的なのです。そして、裁判官としても和解を成立させたい以上は、双方からそっぽを向かれる対応をされないようにまず一方を陥落させ、それから他方を陥落させるというパターンを取る事が多いと思われます。と

いうことは、かなり高度な戦術といえますが、あえて裁判官に取り込まれてそれを利用して、裁判官に相手方を必要以上に説得してもらうという方法もあります。

　そのためには、もちろん、ある程度の譲歩案を示すことが必要であり、裁判官にここまで当方が譲歩したのだから相手方も是非譲歩させるようにして欲しいという方向に向かせることになります。そのためには、裁判官の和解の基本構想をいち早く読み取り、その和解の基本構想に沿った和解案をつくって早めに裁判官に提示すると良いと思われます。とはいっても、裁判官は初めから自分の和解の基本構想は示したがらないので、それを読むのも難しいのですが、基本線が裁判官の考えと一致していたら意外に自分の考えた和解の枠組みで話が進むことがあります。

　これらはかなり高度の戦術ですが、当事者は無理としても、訴訟代理人である弁護士はこのくらいの努力はしておくべきであると思います。もちろん、事案にもよるので全てこのようにできるという趣旨ではありません。

第2節　民事訴訟

> 損害賠償請求事件は、裁判外での和解（示談）が成立しなければ、民事訴訟になることが多くなります。ここでは、その訴訟手続きについての概略をみていきます。
> また、訴訟上必要となる安全衛生関係証拠資料確保の必要性、高額になる賠償額の算定についても解説します。

1　民事訴訟の流れ

（1）民事訴訟の場合

　労災事故の示談交渉で示談が成立せずに、民事訴訟の損害賠償請求事件になった場合には、被害者側としては、加害者企業側の責任を明確にして、できるだけ多くの賠償金を獲得するように訴訟活動を遂行することになります。他方、加害者側の企業としては、賠償責任がないことを第一義的には主張することになるでしょう。しかし、加害企業としては、責任は免れないにしても過失相殺を主張すること、事故を原因として受け取った金員についての損益相殺の主張をすることなどで、できるだけ賠償金額を少なくする努力をしなければならないことになります。

また、民事の訴訟事件の場合でも、前述のように訴訟上の和解による解決方法もあり得るので、それを利用して判決を回避するという方法もあります。
　民事訴訟の流れは、**図表3－1**のとおりです。なお、簡易裁判所での判決について控訴すれば地方裁判所に、地方裁判所での判決に対して控訴すれば高等裁判所に、事件が係属することになります。

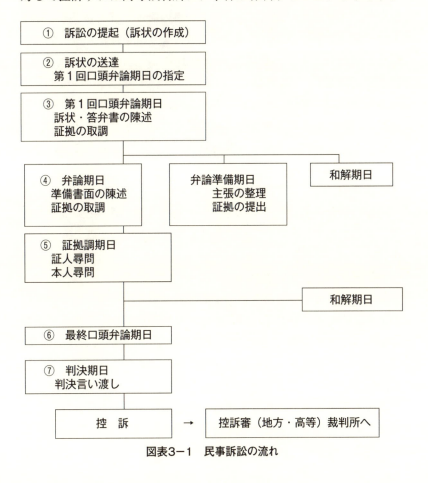

図表3－1　民事訴訟の流れ

(2) 民事調停の場合

　話合いで解決する方法としては、民事調停という方法もあります。これは裁判上の和解ではなく、初めから話合いで解決することを目的とする解決手段です。

　民事調停制度は、当事者間に民事上の争いがある場合に、調停委員会という第三者を交えて話合いで民事の紛争を解決しようという方法です。その目的は、当事者の互譲により、条理にかない実情に即した解決を図ることです（民調法第1条）。

① **管轄裁判所**

　調停事件の申立は、通常相手方の住所、居所、営業所、事務所の所在地を管轄する簡易裁判所に対してなされますが、当事者が合意で定めた地方裁判所もしくは簡易裁判所に対しても行うことができます（民調法第3条）。

② **調停委員会による調停**

　調停は調停委員会で行います（民調法第5条）が、実際は2人の調停委員が担当し、節目節目に裁判官がその席につくこともあります。

③ **調停が成立しない場合**

　調停は、あくまでも話合いによる解決であり、成立しないということもよくあることです。調停が成立する見込みがない場合には調停委員会は事件を終了させることができます（民調法第14条）。裁判所は、調停が成立する見込みがない場合においては、民事調停員の意見を聴き、当事者双方のために公平を考慮して一切の事情を見て職権で当事者双方の申立の趣旨に反しない限度で、事件解決のために必要な決定をすることができますが（「調停に代わる決定」（17条決定という））、当事者はその決定の告知を受けてから2週間以

内に異議の申立をすることができ、その場合には決定は効力を失うことになっています（民調法第17条、第18条）。

調停が不成立などで終了した場合には、申立人が2週間以内に調停の目的となった請求について訴えを提起したときは調停の申立時にその訴えの提訴があったものとみなされます（民調法第19条）。

④　調停成立の場合

調停が成立した場合には、調書を作成すると、裁判上の和解と同様の効力があります（民調法第16条）。従って、強制執行の債務名義となります（民事執行法第22条第7号）。

2　安全衛生関係の資料（証拠）確保の重要性

民事裁判で争う場合はもとより、示談交渉を行うにあたっても、より有利な結論に導くためには、証拠の確保が重要といえます。例えば、その労働者がどのような業務を行っており、どういう過程で労災事故になったかということを調査していこうとすれば、まず、その現場の図面は必要不可欠でしょう。図面といっても、まずイメージをつかむだけのための大雑把な図面も必要ですが、実際に労災事故の原因を確定したり、その防止のための対策を考えるためには、実際にどういう状況であったかという詳細な図面が必要となります。もちろん、そのイメージを膨らませるには、図面のみならず写真があった方がよいでしょう。

さらに、現場のみならず、当時の労働災害の原因となったものの証拠も不可欠です。例えば、安全装置、安全対策措置がなされていたのかを示す図面、写真が必要です。デジカメで、できるだけ多くの写真を記録として残しておくとよいと思います。

定期的に行っている安全衛生委員会などにおける、配布資料、議事録、録音、また、誰が参加していたのか写真を撮って保管しておくことも必要でしょう。その中で、安全衛生上の指導がなされていたのであれば、その指導事項についても、出席者全員にそのような説明を受けたことにつき、署名させるような場合もあり、その署名書類も重要な証拠になります。
　また、労働災害が発生した場合に、その現場で事故調査をし、その原因を究明しているならば、それをその場限りのものにせず、きちんと記録に残して保管しておくことも必要です。以前、私が担当した事件で、9年数か月後、消滅時効完成寸前に損害賠償請求の訴えがなされました。当初、社内の事故調査書類がなく、また、事故関係者3名中1名は死亡、1名は退職して所在不明、1名は遠隔の海外に出張中ということで誰も当時の事故の記憶を有していないという状況下で、当初は原告側のいいなりに訴訟が進行しました。しかし、約半年後に倉庫から災害調査の報告書が見つかり、原告側の主張は全く事実に反することが明らかになって、逆転の勝訴和解になったことがありました。
　いかに、事故関係の書類を丁寧に作成し、きちんと保管しておくことが重要であるかということです。

3　示談と賠償額計算の諸問題

　労災事故、職業病の損害賠償事件の賠償金額の計算は、賠償額が大きい場合が多いのでかなり深刻なものとなります。特に、過失相殺が最大の難問です。

(1) 損害賠償額の計算

労災事故等の損害賠償における原則的な賠償項目は**図表3－2**のとおりです。交通事故の場合の損害賠償の場合とほぼパラレルに考えることができます。ただし、労災事件の最大の課題である過失相殺・損益相殺について、次項から解説する具体的な実例を通じて、その賠償計算の奥行きの深さを勉強していただければよいのではないかと思います。

図表3－2　労災事故等における主な賠償項目

ケガや病気が治癒	けがや病気が治癒した後、後遺障害	死亡
・治療費 ・休業損害 ・入院雑費 ・慰謝料	・治療費 ・休業損害 ・入院雑費 ・後遺障害による逸失利益 ・慰謝料 ・介護費用	・死亡による逸失利益 ・慰謝料 ・葬祭費用

(2) 損害額の積算の事例

ここでは、賠償額の計算について一から解説するのではなく、問題になった事例について紹介することとします。

① 逸失利益の問題

（ⅰ）研修医の収入

死亡の場合の逸失利益の計算の原則は、事故の前年の年収を基礎とし、生活費を控除して、被災した年齢に応じた就労年数をかけます。

年収については、賃金センサス（賃金構造基本統計調査：厚

生労働省が毎年実施している賃金の調査統計）基準とします。また、将来にわたって得る収入や支出する額を現時点で受け取るのですから、その分の利息額を控除した年数をかけなければ、被災者側がもらいすぎることになります。そこで、損害賠償額から中間利息を控除するため就労年数に応じたライプニッツ係数をかけるという計算方式をとります。

したがって逸失利益の計算は、
「年収×生活費の割合×就労年数のライプニッツ係数」
となります。

『積善会十全総合病院事件』（大阪地裁平成19年5月28日判決）は、28歳の研修医がうつ病自殺したという事件について、両親がその医療法人に対して安全配慮義務違反を理由に損害賠償請求したという事案です。判決は、その責任を肯定したうえで、その損害賠償の逸失利益を決めるにあたって、亡Aは医師であり研修中であったため、その当時もらっていた年収約733万円ではなく、賃金センサスにより約1,227万円と認定しています。将来一人前の医師になれば多くの収入があるであろうということで、研修医の年収ではなく、賃金センサス医師の収入が基準となりました。

なお、賃金センサスでは1,227万6,600円が基準となるのですが、被災者は、てんかん症の持病とうつ病の罹患があったということで、ある程度の休養を取りながら医師の業務を行わざるを得なかったと判断され、その7割を1年の収入としています。

死亡の場合の逸失利益の計算
1,227万6,600円×0.7×（1−0.5）×17.0170=731万8,815円 （年収：12,276,600×0.7、生活費割合5割、ライプニッツ係数17.0170 （28歳から67歳までの39年間に対応））

このように逸失利益の計算の基礎を、前年の年収とすることが不合理な場合には、調整が行われます。

(ⅱ) すでに障害のあった者が労災事故で障害を負った場合
　例えば、すでに何らかの事由で片手を失っていた者が、労災事故でもう一方の手を失った場合に、両腕を失ったものとして障害等級を算定するのか、それとも加害者にはかつての事情は無関係なものとして、片腕を失ったものとして算定すればすむのかという問題です。
　『大阪シルバー人材センター事件』(大阪地裁平成14年8月30日判決) は、シルバー人材センターの会員である原告Xと副班長Aの間の喧嘩の事件です。原告Xは、Aから仕事の態度等をめぐって右目付近を拳で殴打され、負傷して3か月間入院し、失明しました。ところが、Xは、もともと左目も失明しており、両眼失明状態になってしまったのです。XはYセンターに対して、雇用関係またはそれと同程度の指揮監督関係があったとして安全配慮義務違反の主張をするとともに、使用者責任による不法行為責任を追及しました。判決はYセンターの責任を認めましたが、Xが両目を失明した点をどのようにすべきかということが問題となりました。判決は、
　「Aは本件殴打事件当時66歳と高齢であったこと、AがXを殴打したのは1回だけで、左眼付近には打撃を加えていないことが認められ、他方Aによる殴打がXの両目に傷害を及ぼし得るほどに強力なものであったとはいえない。そうすると、本件殴打事件によって通常生ずべき損害と評価し得る不法行為的結果は、左眼は健康であった者が右眼への攻撃によって生じる損害に限られ、Xが両眼の視力を失ったことにより被った損害は

Xがもともと左眼を失明していたという特別な事情により生じた損害であるといわざるを得ない。」

と述べて、両目を失明したことによる損害ではなく、あくまで右目を失明させたことによる損害の賠償が命じられました。

この事件は、加害者および使用者が、原告Xが左眼を失明していたことを知らなかったということで特別事情として扱い、予見可能性の問題として右眼のみの失明として損害を算定したのです。

(ⅲ) 複数の障害が残った場合

当該事故により複数の障害が残った場合に、その複数の障害をどのように評価するかという問題があります。原則として、その複数の障害のうち重い障害の等級としますが、自動車事故の場合の自動車損害賠償責任保険では次のような取扱いをしていますので、実務的には参考になります。

図表3-3　自動車損害賠償責任保険での複数障害の取扱い

後遺障害の等級	調整
13級以上に該当する後遺障害が、2つ以上あるとき	重い方の後遺障害等級の1級繰上げ
8級以上に該当する後遺障害が、2つ以上あるとき	重い方の後遺障害等級を2級繰上げ
5級以上に該当する後遺障害が、2つ以上あるとき	重い方の後遺障害等級を3級繰上げ

(ⅳ) 外国人の不法就労者の問題

　不法就労の外国人労働者が労災事故にあった場合、特殊な検討が必要です。なぜなら、それらの外国人労働者の多くは短期滞在の在留資格で入国しており、もともと日本で就労することはできず、居残って作業をして事故にあったわけです。その在留資格では就労できないことになるので、将来の収入をどのように評価して逸失利益を算出するか問題となります。

　この点については、『コック食品事件』(最高裁平成8年2月23日判決)、『改進社事件』(最高裁平成9年1月28日判決)などがあり、症状固定から3年間は日本で現実にもらっていた給与を前提とした逸失利益を算定し、その後は、母国で得られる収入をそれぞれ得られたものとして算定しています。しかし、なぜ、症状固定から3年間は日本で就労できる場合の収入を基礎にするのか、その理論的な根拠は示されていません。

　なお、中国人の技能実習生が死亡した事件でその逸失利益を計算するにあたって、実習期間の滞在終了予定日までの期間について日本での収入を以て基礎収入とし、その後就労可能年齢である67歳までは本国である中国に帰国して就労した場合に予想される収入を以て基礎収入にするという判断をした『外国人技能実習生事件』(千葉地裁平成26年9月30日判決) は、合理的な判断であると考えます。

(3) 過失相殺

① 過失相殺

　過失相殺とは、労災事故や職業病等の場合に、被災者本人にも過失があるので、その損害のうちの一定割合は控除するべきであるとの加害者側からの主張をいいます。労災事故や職業病においては、

その被災者側にも問題となる行動があることも多く、過失相殺が認められれば多額の賠償金額が減額になることになります。その意味では、被害者・加害者共に非常に重要な主張になります。

② 根拠条文

根拠条文は、不法行為の場合は、民法第722条第2項で、「被害者に過失があったときは、裁判所は、これを考慮して損害賠償の額を定めることができる。」と定めています。

債務不履行責任としての安全配慮義務違反の場合は、民法第418条により、「債務の不履行に関して債権者に過失があったときは、裁判所は、これを考慮して、損害賠償の責任及びその額を定める。」と定めています。

③ 被告（加害者）側の主張立証責任

なお、訴訟実務で過失相殺は、抗弁（相手方の申立てや主張を排斥するために、別個の事項を主張すること）とされ、被告である加害者側からの主張立証が必要であると解釈されてきました。現在の判例では、被告（加害者）からの主張立証は必要でなく、裁判所が職権で判断できることになりました。ただし、裁判所が職権で判断するとしても原告側（被害者）の過失となるべき事実については被告（加害者）において立証責任を負うと解されます（最高裁昭和43年12月24日判決）、NTT東日本事件（最高裁平成20年3月27日判決）。

そのため、従前は責任を全面に争う被告（加害者）が、仮に被告（加害者）に責任のあることを前提として、少なくとも何割は原告（被害者）の過失が原因であるとは主張しづらい面がありましたが、その点の問題は解消されています。

④ 過失相殺の割合

過失相殺の割合は、事故や疾病の状況ごとに変わり、千差万別といえます。交通事故の場合は事故態様に伴っておおよその過失割合

は決まってきていますが、労災事故の場合には、未だに裁判例の集積がせいぜい数百件であり十分とは言えずに明確には決めることはできませんし、裁判官によってもかなりのばらつきがあるというのが実情です。

　私見ではありますが、過失割合に影響を及ぼす諸要素は、以下のようなものと考えています。

> i　危険の予見可能性の有無、または、強弱（使用者側と労働者側の双方）
> ii　危険発生の原因（使用者側と労働者側の双方）
> iii　労働者側の過失の軽重
> iv　使用者側の教育訓練、指導監督の有無と程度
> v　労働者の作業方法・手順の遵守の有無
> vi　労働者の地位・経験年数
> vii　労働者の被害の程度

⑤　過失相殺の類推

　なお、疾病の原因が労働者の体質が影響しているような場合には「素因減額」など必ずしも過失とは言えない場合にも公平の観点から被災者側の請求を減額するべき場合があります。その場合には、過失相殺の規定（民法第418条、第722条）を類推適用することがあります。

（4）損益相殺

① 損益相殺とは

　労災事故、職業病により被害者側が何らかの経済的な利益を得た場合には、その利益分について、加害者側は損害賠償額から控除す

ることは可能になり、その控除することを損益相殺といいます。損益相殺の対象となるものは、(a)労災保険給付金、(b)労災上積補償金、(c)障害厚生年金、遺族厚生年金、(d)見舞金などがあります。

② 労災保険金
(ⅰ)既払い金
　既存の労災保険金給付は当然損益相殺の対象となります。これは、労基法第84条が次のように定めています。

> 第84条　この法律に規定する災害補償の事由について、労働者災害補償保険法…又は厚生労働省令で指定する法令に基づいてこの法律の災害補償に相当する給付が行われるべき者である場合においては、使用者は、補償の責を免れる。
> ②　使用者は、この法律による補償を行った場合においては、同一の事由についてはその価額の限度において民法による損害賠償の責を免れる。

(ⅱ)将来の年金
　将来の年金(遺族補償年金、障害補償年金)は、ほとんどの場合に確実に受給者に支給されるであろうと思われますが、受給者が妻であった場合で再婚した場合には年金は支給されなくなる場合があります(ただし、その時点で一時金が支給される可能性があります)。
　この意味で将来の年金について当然に損益相殺の対象とすることはできずに、一定の範囲で損益相殺を認めることになるのです。

この点については、かつて、控除すべきか否かについて争いがありましたが、2つの最高裁判決(①『仁田厚・中村事件』(最高裁昭和52年5月27日判決)、②『三共自動車事件』(最高裁昭和52年10月25日判決))により将来分については損益相殺として控除できないことになりました。その後、『寒川・森島事件』(最高裁平成5年3月24日判決)で既払い分のみならず、口頭弁論終結日現在で支給を受けることが確定している分は控除の対象とできることになっています。

なお、これらの最高裁判決が出たことで、労災保険法が改正され、遺族補償年金と障害補償年金については、その前払一時金の最高限度額(死亡の場合は給付基礎日額の1,000日分)までは、抗弁として支払わないことができると定められています(労災保険法第64条第1項)。

この最高限度額までの支払いを拒絶することができるので、その金額に至るまで年金が支給されるのを待つことができ、支払われてしまえば、その分、賠償債務は減少することになります。その前払一時金の限度額は、遺族補償の場合は給付基礎日額の1,000日分、障害補償の場合は等級によりますが、障害等級1級の場合は給付基礎日額の1,340日分となります。

(ⅲ) 社会復帰促進等事業からの特別支給金

社会復帰促進等事業(従前は「労働福祉事業」と呼んでいました)として支払われる特別支給金(休業特別支給金、障害特別支給金、遺族特別支給金等)は、労災保険と同一の手続で労災保険金に上乗せされて支給されますが、判例は、損益相殺の対象とならないと判断しています(コック食品事件(最高裁平成8年2月23日判決)、改進社事件(最高裁平成9年1月28日判

決)。その理由は社会復帰促進事業等の目的が損害補塡のためではなく、被災者本人遺族の福祉のためだからということです。

③　労災上積補償
　労災上積補償制度に基づく給付は、原則として損害を補塡するためであって損益相殺の対象となります。

④　厚生年金
　厚生年金給付のうち、障害厚生年金、遺族厚生年金については、財産的損害を補塡するものであり損益相殺の対象となりますが、老齢年金は対象とはなりません。

⑤　見舞金
　事故直後に、使用者が遺族などに見舞金を持って行く場合は、その見舞金は賠償の一部として支払われるのが通常の意思であり、損益相殺の対象になります。ただし、香典は原則として損益相殺の対象とはなりません。

⑥　損益相殺が問題となった事例
　以下、損益相殺を行う際に問題となった事例について紹介します。
（ⅰ）労災保険の遺族補償年金と前払一時金の最高限度額との差額
　　①（ⅱ）で紹介したように、遺族補償年金の将来分は賠償額から控除できないことになり、その際には使用者側としては前払一時金の最高限度額までは履行しないことができるという抗弁ができるということです。
　　『株式会社ハヤシ事件』（福岡地裁平成19年10月24日判決）は、会社の幹部である製造部長であった亡Aがくも膜下出血で死亡

したという事案です。その責任の重さ、労働時間数、直前の注文による正月期の忙しさ等をみれば、業務による過労死が認められるとして判断されましたが、会社側からの抗弁として多くの損益相殺の主張がなされました。

具体的には、①遺族補償年金、②遺族補償年金の履行猶予の前払一時金、③遺族特別支給金、遺族特別年金、④葬祭料、⑤退職金、⑥お悔やみ金、⑦がん保険解約金等があげられています。このうち、損益相殺として認められるのは既払いの①遺族補償年金が損益相殺の対象となることは当然ですが、抗弁として主張できる将来支給される年金との関係では、②の前払一時金額から、既払い分を控除した金額を損益相殺の対象にできることになります。また、③の特別支給金、特別年金はいずれも社会復帰促進等事業としての支給であるという理由で損害を塡補する性格を有していないというのが最高裁の判例であり実務上は、損益相殺の対象となりません。④は葬祭費用を請求している以上は当然損益相殺の対象となります。

⑤退職金は、判決は、賃金の後払いであり功労報償として支給されるものであり、損益相殺の対象たり得ないとするのは妥当でしょう。

⑥お悔やみ金、⑦がん保険解約金については、その性格は明確ではないとしつつも、社会儀礼上というにはやや高額であり損害賠償金の補塡としての性格を有すると判断できるので原則としては損益相殺の対象になると考えるべきです。

<ハヤシ事件(福岡地裁平成19年10月24日判決)の認容金額>

Ⅰ 逸失利益
6,826,457×(1－0.3)×13.7986＝6,593万6,884円
年収682万6,457円、生活費控除率30％、
ライプニッツ係数13.7986
Ⅱ 葬儀費用　　150万円
Ⅲ 慰謝料　　　2,800万円
Ⅳ 寄与度減額　20％
　　逸失利益　　　5,274万9,507円
　　葬儀費用　　　120万円
　　慰謝料　　　　2,240万円
Ⅴ 相続
　　Ｘ１：38,174,753円
　　Ｘ２〜Ｘ３：各自1,272万4,917円
Ⅵ 損益相殺
　　① 遺族補償年金　1,004万5,315円
　　　Ｘ１の賠償額から控除
　　② 前払い一時金(1,503万0,768円)との差額498万5,453円
　　　Ｘ１〜Ｘ４の相続分割合による控除
　　　Ｘ１から249万2,726円を控除、
　　　Ｘ２〜Ｘ４から各自83万0,908円を控除
　　③ 葬祭料　97万7,700円
　　　Ｘ１から控除
　　④ お悔やみ金100万円
　　　がん保険契約金 47万円
　　　Ｘ１から73万5,000円、

　　　　　Ｘ２〜Ｘ４から各自24万5,000円を控除

Ⅶ　弁護士費用
　　Ｘ１に239万円、Ｘ２〜Ｘ４に各116万円
Ⅷ　賠償額
　　Ｘ１：2,631万4,011円
　　Ｘ２〜Ｘ４：1,280万9,008円

(ⅱ) 配偶者の再婚

　労災保険の遺族補償年金をもらっている配偶者が、再婚してその再婚先の扶養家族になった場合には、遺族補償年金の支給は終了します。そして、その時点で、未だに遺族補償一時金の金額（給付基礎日額の1,000日分）相当額が支払われていない場合には、その差額として遺族補償差額一時金が支払われます。
　この違いは非常に重大であり、遺族補償年金の支給を受けている配偶者は、その後に異性と親密な関係になったとしても籍を入れないようにするということが現実に行われています。内縁関係でも本来は同様のはずですが、内縁関係か否かは行政庁からは容易には発覚しないでしょう。
　この種の事例は多く存在しますが、表面化して事件化したということは聞いたことはありません。

(ⅲ) 内縁関係の問題

　内縁関係が問題になることも多くあります。例えば、被災して死亡した労働者に内縁の妻がいたとしましょう。その労働者が死亡した場合には、その内縁の妻との間に子どもがいたかいなかったかでかなり状況は変わってきます。というのは、その

労働者の親が登場してくる場合です。

　周知のとおり、内縁の妻には相続権はありません。子どもがいればその子どもに相続権が発生します。子どもがいる場合に、その父母がその賠償金を自分たちのものであると主張することはほとんど考えられません。理論上もその父母には相続権がないからです。

　ところが、子どもがいなければその労働者の父母に相続権があるので、内縁の妻と父母の関係が出てきます。往々にして、内縁の妻と父母は仲が悪いことが多いのです。そして、父母は内縁の妻には労災保険からの給付が出るから、それで十分ではないか、自分たちは相続権があるので賠償金は父母が自分たちでもらうということになります。労災保険金は内妻、損害賠償金は父母ということできれいに分けられるから問題はないのではないかと考えられるのですが、加害企業からすれば納得できない場合があるのです。

　つまり、加害企業からすれば、相続人である父母から損害賠償を請求された場合に、労災保険を受給しているはずであるから損益相殺により、または遺族補償の前払一時金の最高限度額で、賠償額から控除するかまたは履行を拒絶することができるわけですが、その遺族補償を受けるのは内縁の妻であるので、その労災保険金を両親に対する賠償額から引けないからです。これは、加害企業からすると全く予想外のことであるわけですが、やむを得ないことになります。

　しかし、それでは企業としては労災保険の利益は受けられないことになり、釈然としないということになるのです。

(ⅳ) 慰謝料に対する控除

　労災保険は、財産的な損害を補塡するものであり、精神的な苦痛に対する慰謝料は補塡しないと解されています。従って、損害賠償請求された場合には、その項目としては財産的な損害（その内訳としては、治療費、入院雑費、入院介護費用、休業損害、逸失利益、葬儀費用、弁護士費用等）は一部補塡の対象となり損益相殺にできますが、精神的苦痛に対する慰謝料に対しては労災保険からは引けないことになります。

　また、労災保険は財産の損害を補塡するとはいっても、労災保険にも、療養補償給付、休業補償給付、障害補償給付、遺族補償給付など種類があり、前述のように財産的損害の項目は種々あるので、労災保険の給付もそれぞれに対応した財産的な損害しか補塡しないことになります。具体的な対応関係は以下のとおりです。

図表3-4　労災保険給付に対応する民事損害賠償の損害項目

労災保険給付	民事損害賠償の損害項目
療養補償給付	治療費
休業補償給付	休業損害
障害補償給付 遺族補償給付 傷病補償年金	逸失利益
葬祭料	葬儀費用
介護補償給付	介護費用

(ⅴ) 慰謝料と労災上積補償

　企業が、労災保険の外に労災上積補償制度を設けていた場合には慰謝料額からその補償金を控除できる場合があります。つ

まり、その上積補償の目的を「精神的な苦痛を慰謝するために」と定めておくべきなのです。そうすれば、その目的から見てその金額を慰謝料額から控除することも可能といえます。

しかし、実際にはそのような工夫がない場合がほとんどであり、労災保険の支給がなされた場合に自動的に上積補償も支給するような仕組みにした場合には、労災保険からの補償が慰謝料を補塡しないのと同様に取り扱われる可能性が高いといえます。

(ⅵ) 団体定期保険の控除

企業が、その労働者の生命に対して保険を掛けていた場合に、受取人が会社の場合にその保険金をもって損害賠償金の一部に当てることができるか、また、受取人が遺族の場合にその保険金をもって損害賠償金の一部に当てることができるかという問題です。

かつて、マスコミを賑わせた団体定期保険の問題は、社員が知らないうちに会社が生保会社との間で団体保険契約を締結して死後にその保険金を受け取って、その一部を弔慰金および死亡退職金として支払い、差額を会社が自己のものにするというものでした。その後、この団体定期保険の問題が社会問題化してきて、大蔵省(当時)の指導により、保険契約の形態が変わり、必ず社員本人の同意をとることと、その保険金の半額以上は遺族に直接行くように規約が改正されました。

現在の団体定期保険は、半額以上を遺族が受取ることになるので、その分は遺族の固有の財産として賠償額から控除するのは困難でしょう。

他方で、会社が団体定期保険の一部の保険金について受取人

になった場合ですが、会社が全額の保険料を負担した場合には、弔慰金、死亡退職金、示談金などその労働者の遺族に渡す以上は、それを賠償金の一部に当てることはできると解されます。

なお、『ホテル日航大阪事件』（神戸地裁平成20年4月10日判決）は、会社からは任意労災保険金と団体定期保険金を被災者である被告Y社の従業員である原告X1に支払っていましたが、その控除（損益相殺）が認められるか問題となりました。

Y社はホテル業を営んでおり、X1は昭和57年にY社に入社し、本件発症当時営業部販売グループの課長をしていました。高血圧症を基礎疾病に持つX1が過重な労働をした結果、脳出血を発症し、後遺障害等級1級の高度の障害が残ったために損害賠償をして、Y社の責任が認められたという事案です。ただし、X1は基礎疾病を有し、健康診断の結果でも異常な結果が出ているにもかかわらず、自己の健康管理を怠ったということで4割の過失相殺・素因減額が認められています。そして損益相殺の1つの項目として、任意労災保険金と並んで団体定期保険の保険金が挙げられています。賠償の認容額の詳細について次頁に示します。

ホテル日航大阪事件（神戸地裁平成20年4月10日判決）の認容額
Ⅰ　治療関係費
個室差額料金等　　97万3,133円
入院雑費　　39万円
（1日1,300円、300日）
Ⅱ　通院・介護等交通費
交通費　　194万4,160円
入院付添費　　180万円（1日6,000円、300日間入院）
自宅付添費　　201万円
（1日6,000円、335日間（症状固定まで））
Ⅲ　休業損害　　739万6,296円
Ⅳ　逸失利益　　7,496万5,110円
年収6,649,380円、症状固定時の年齢50歳、
17年のライプニッツ係数11.2740
Ⅴ　慰謝料
入通院慰謝料　　400万円
（入院300日間、通院期間335日間）
後遺障害慰謝料　　3,000万円
Ⅵ　将来の介護費用　　1,037万1,941円
Ⅶ　将来の付添交通費　　1,128万9,490円
Ⅷ　住宅改修費　　13万1,928円
Ⅸ　介護ベッド代　　40万8,384円
Ⅹ　将来の雑費　　19万9,687円
Ⅺ　福祉電話購入費等　　3万3,850円
Ⅻ　労災申請のための交通費　　1万0,360円
ⅩⅢ　過失相殺・素因減額　　4割
ⅩⅣ　損益相殺
休業補償給付金　　368万5,062円
介護補償給付金　　187万5,750円
障害補償年金　　1,022万3,155円
Y保険会社からの支払い
団体定期保険　　480万3,278円
任意労災保険金　　1,635万6,566円
ⅩⅤ　弁護士費用　　500万円
ⅩⅥ　賠償額　　5,561万0,792円

第 4 章

刑事訴訟手続きへの対応

　労災事故が生じた場合の、賠償の問題をこれまでみてきました。企業側の責任としては、安衛法違反と業務上過失致死傷罪などの刑事責任を問われることも考えられます。
　ここでは労災事故発生後の刑事訴訟手続きの流れを概説し、企業側が取るべき対応について解説します。

第1節　刑事訴訟の手続き

　労災事故という結果について、企業側のなんらかの責任がある疑いがあれば刑事責任を問われることになります。その根拠は安衛法違反の罪と刑法の業務上過失致死罪です。
　事故の後に、企業側がどのような捜査を受けて手続きが進められ刑罰が確定するのか、ここではみていきましょう。

1　はじめに

　労働災害が発生した場合の最も重い責任としては刑事責任があります。刑事責任としては、安衛法違反の罪と、業務上過失致死傷罪（過失運転致死傷罪を含む）の罪とがあります。
　安衛法違反の第一次的な捜査官は特別司法警察員である労働基準監督官になります。他方で業務上過失致死傷罪は司法警察員が第一次的な捜査官です。いずれでも、その後は検察への送致、起訴等の手続きが履行されることになります（**図表4-1**）。

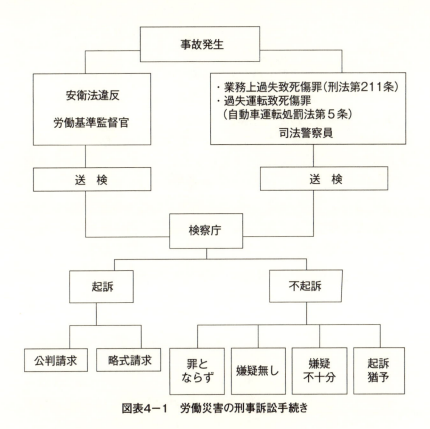

図表4-1　労働災害の刑事訴訟手続き

2　安衛法違反と刑法犯

　安衛法違反の罪とは、安衛法が労働者の生命・身体・健康を守るために、重要な安全衛生対策を定めて、主として事業者に安全衛生の一定の措置義務を課しています。具体的には、安衛法自体で全ての措置を定めているわけではなく、安衛則、ボイラー・クレーン則、粉じん則、特化則等多くの特別規則によって具体的な定めがなされ

ています。その措置義務を守っていない場合に安衛法違反が成立するわけです。

これに対して、業務上過失致死傷罪（刑法第211条）は、あらかじめ具体的な違反行為は決められておりませんが、一定の社会的な地位に就く者が社会通念上要求される注意義務を怠って人身事故を引き起こした場合に成立する犯罪です。過失運転致死傷罪も、自動車（道路交通法に定めがある）を運転する者が、要求される注意義務を怠って事故を起こした場合で、労働災害に該当する場合です。

安衛法違反については、安衛法第12章（第115条の２から第123条）で罰則を定めていますが、事業者の安全衛生上の措置を講じなければならない旨を定めている同法第20条ないし同法第23条の違反については、「６月以下の懲役又は50万円以下の罰金」と定められています。事業者が法人の場合には罰金しかありませんが、行為者または事業者が個人の場合には６月以下の懲役刑もあり得るということになります。

刑法第211条の業務上過失致死傷罪は「５年以下の懲役若しくは禁錮又は100万円以下の罰金」と定められ、自動車運転処罰法の第５条の過失運転致死傷罪は「７年以下の懲役若しくは禁錮又は100万円以下の罰金」とされています。こちらは自然人※を念頭に置いており、法人は予定されておりません。

　　※自然人：生きている人間のこと。法人に対する法律用語で、権利能力の主体

3　誰が刑罰を受けるのか

　安衛法違反の場合には、安衛法であらかじめ定められている安全衛生上の一定の措置義務を実施すべき者が誰かということになります。つまり、その措置義務を負うのは事業者と定められており、最終的には事業者、法人であればその法人、個人であれば個人事業主が刑事責任を負います。ところが、事業者も法人であれば直接安全衛生上の措置を果たすのは自然人ということになり、安全衛生上の権限と義務を有する者が行為者として処罰を受けることになります。
　安衛法第122条は、安衛法違反があった場合には、「法人の代表者又は法人若しくは人の代理人、使用人その他の従業者が、その法人又は人の業務に関して、…の違反行為をしたときは、行為者を罰するほか、その法人又は人に対しても各本条の罰金刑を科する。」と定めており、行為者と事業者が責任を負い、場合によっては法人の代表者も行為者として刑事責任を問われるということです。この安衛法第122条を両罰規定といいます。
　これに対し、業務上過失致死傷罪（過失運転致死傷罪）は、事業者が刑事責任を負うということは、事業者が自然人であれば考えられないことはありませんが、自然人である行為者が責任を負うことになります。

4　捜査の手続きと刑罰の確定

　安衛法違反の嫌疑があれば、刑事捜査が開始されますが、第一次の捜査官は労働基準監督官です。労働基準監督官は通常は行政取締

官ですが、特別司法警察員としての地位も有しており、安衛法違反の有無を捜査します。まず、労働災害が発生すれば、労働基準監督官は現地で災害調査を行い、自然の事故か、人災か、安衛法違反の可能性があるかを調査します。もちろん、それは当初から安衛法違反があるという嫌疑での調査とは限らず、とりあえず事故の実態を把握して現場の作業員らからヒアリングを行いながら、その災害の原因を探ります。その上で、安衛法違反の嫌疑があると判断した時点から、刑事捜査に切り変わることになるわけです。

刑事捜査に切り変わり、労働基準監督官が一応の捜査が終了して安衛法違反の可能性がある場合には、第2次的な捜査官である検察官に事件を送ります。これを送検といいます。送検手続きには、被疑者を逮捕勾留している身柄送検と、逮捕勾留していない書類送検がありますが、安衛法違反はほとんどの場合が書類送検です。

検察庁では、検察官が捜査に当たり、起訴するか否かを決めます。検察官が起訴と不起訴の処分を決めるわけですが、起訴にも正式な起訴である公判請求と、簡潔な起訴である略式請求があります。公判請求は、刑事の法廷を開いて有罪か否かを宣告します。略式請求は、罰金刑相当の事案で被疑者が処罰されても仕方がないと認めた場合に限り行われ、書面を裁判官が読んで罰金を決定し、それで被告人が納得して納付すれば終了ですが、被告人が納得できなければ異議を述べることができ、その場合には公判請求と同様に取り扱われます。

業務上過失致死傷罪（運転過失致死傷罪も含む）の場合には、捜査官は司法警察員であり、捜査後に嫌疑ある時には検察庁に送検します。その後の手続きは安衛法違反の場合と同様です。

5　安衛法違反の場合には労働災害の発生は要件か

　安衛法は、安全衛生のために一定の措置を義務づけていますが、その違反は措置を怠っていれば起こるわけであり、労働災害の発生は要件とはなっておりません。
　要は、安衛法違反の事実は、措置を怠っていれば足りるわけで、労働災害はその違反の発覚する端緒にすぎないことになるわけです。
　これに対して、業務上過失致死傷（過失運転致死傷罪を含む）の場合には、死亡または傷害という結果の発生が要件となります。これを結果犯といいます。
　極めて危険な作業方法をとっていたところ、運良く事故が発生せずにその危険な作業方法が発見されて是正された場合には、安衛法違反は成立し、処罰の対象となり得ますが、業務上過失致死傷罪は成立の余地はありません。

6　故意犯と過失犯

　これまでみてきたように刑事事件としては、安衛法違反か、業務上過失致死傷罪の成立する可能性がありますが、犯罪成立は必ずしも容易ではありません。企業としてはその管理者の責任も含めて主張すべきは主張することになります。
　例えば、安衛法は故意犯であるので、管理にあたっていた現場監督者はその故意がなかったという主張は考えられます。また、業務

上過失致死傷罪の場合には、注意をしても致死傷の結果発生は予見できなかったと具体的に主張すべき場合も多いでしょう。

他方で、監督者を含めて企業側の責任が明らかな場合には、争わずに反省して事故再発を防止し、示談するなどの情状を中心に主張すべき事になります。

次節では、企業がとるべき対応についてみていきます。

第2節 刑事訴訟手続きに企業がとるべき対応

　労働災害が発生して重大な被害が生じた場合には、企業が被害者や遺族に真摯に対応することは当然ですが、刑事事件として送検された場合でも、企業の対応によって起訴の有無に影響していきます。ここでは、刑事訴訟手続きにおいて企業がとるべき対応について解説していきます。

1　事前の対応

　刑事事件として起訴されないためには、当たり前のことですが、安衛法をはじめ関係法令を熟知し、要請される安全衛生上の措置を尽くしておくことが必要になります。そして、労働災害を起こさないようにすることです。また、労働者に対しては、計画的に十分な安全衛生教育をしておくことが必要です。安全衛生教育については第1章、第3節で詳しく紹介しています。
　こうした安全衛生活動の記録をきちんと残しておくことも、民事裁判と同様重要となります。

2 事後の対応

(1) 企業調査

　事後の対策としては、まず、労働災害の実態調査をよく実施して、精密に事故原因を分析して記録に残すことが必要です。

　労働災害の発生の原因に、安衛法違反の可能性がある場合の捜査は労働基準監督官が、刑法の業務上過失致死傷罪の成立の可能性がある場合の捜査は、司法警察員が行うことになります。

　そのような捜査に企業が協力することは無論ですが、企業としても別個に事故調査をすべきは当然であり、捜査機関の捜査に頼るということは怠慢以外の何ものでもありません。事故原因の究明が、事故の再発防止や、刑事事件対策、民事の示談交渉に資することは言うまでもありません。

　調査の結果、場合によっては労働者の不安全行動に起因する災害であり、使用者が対応を怠ったからではないことが判明することがあります。そうすれば起訴されない可能性も高くなります。

　また、過労死、過労自殺などで労災申請があると、労基署は、その被災者の勤務実態がどのようなものであったかを調査することになります。その際に、企業としても事前に就労実態や周囲との人間関係等を調査しておく必要があります。過労死、過労自殺となると、労災保険の請求の他に、企業独自の労災上積補償制度がある場合にはその上積金の請求や、さらには安全配慮義務違反による損害賠償請求が考えられるのであり、労基署や遺族に対してどのような対応をすべきかについての判断を迫られます。

(2) 示談

　次に重要なのは、示談をすることです。事故または就労実態の調査の結果、企業にも責任がないとは言えない場合には、やはり、被災者やその遺族との示談交渉ができないかを検討すべきです。示談ができれば、刑事責任については、検察官の判断により、起訴猶予になったり、罰金刑として略式請求になるなど、刑事責任が軽減する可能性があります。

　労働災害の被害者やその遺族から宥恕(ゆうじょ)してもらうために、見舞いや謝罪に訪れることが必要な場合もあります。誠意を尽くすことが肝心となります。

　その他、同様の事故が再発することを防ぐための努力をすること、安全衛生対策を立てる事が必要です。往々にして、遺族は、金銭的な賠償のみならず、このような労働災害が二度と起こらないように万全の安全衛生対策を立てて欲しいと望むこともあり、それが示談の内容になるということもあります。また、使用者が反省し、より万全の対策を立てていることは、検察官の側でも起訴猶予の事情にすることもあり得ます。その意味では、その労働災害を契機にして、より万全の対策を考えることが重要です。

　また、民事責任についても訴訟にならずにすませられることは大きなメリットです。訴えられるということは、それだけで社会的な責任が問われることにもつながり、長期間継続するとその事件に対応する時間、労力のほか、弁護士費用などの費用もかかることになります。また、判決に至って敗訴するのであれば、相手方の代理人の弁護士費用も持たなければならないということにもなりますし、遅延損害金が発生し年5％という高率であるために無視し得ない負担となってしまいます（5,000万円の賠償事件で、5年間を要したと

すれば1,250万円が遅延損害金となる)。
　種々の意味で、示談を成立させることは重要であると思われます。

●著者プロフィール

外井　浩志（とい・ひろし）

1981年東京大学法学部卒業。1985年弁護士登録。東京労働基準局労働基準監督官、安西法律事務所を経て、2006年外井（TOI）法律事務所開設。

『安全配慮義務Q&A』『図解でわかる労働法』『社員教育でめぐる法律問題Q&A』など著者多数。

よくわかる　労災補償と裁判
～安全配慮義務と安全衛生管理～

| 平成28年9月12日　　第1版第1刷発行 |
| 平成31年3月5日　　　　第2刷発行 |

著　　者　外井　浩志
発　行　者　三田村　憲明
発　行　所　中央労働災害防止協会
　　　　　　〒108-0023
　　　　　　東京都港区芝浦3丁目17番12号吾妻ビル9階
　　　　　　販売／ＴＥＬ　03-3452-6401
　　　　　　編集／ＴＥＬ　03-3452-6209
印刷・製本　㈱丸井工文社
表　　紙　デザイン：新島　浩幸、イラスト：大下　詠子

©HIROSHI TOI 2016

落丁・乱丁本はお取り替えいたします。
定価(本体1,500円+税)
ISBN978-4-8059-1710-7
ホームページ　https://www.jisha.or.jp/

　本書の内容は著作権法によって保護されています。本書の全部または一部を複写（コピー）、複製、転載すること（電子媒体への加工を含む）を禁じます。